JN063908

# 歌の島・宮古のネフスキー

## 新資料で辿る
## ロシア人学者の宮古研究の道程

田中水絵

ボーダーインク

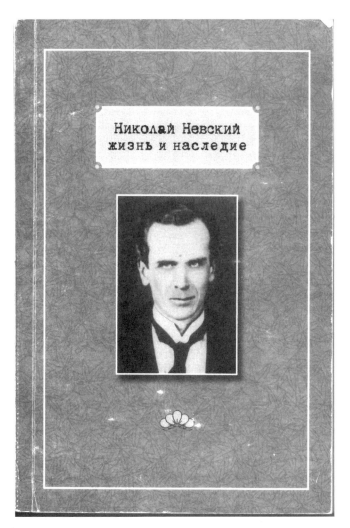

Николай Невский
жизнь и наследие

『ニコライ・ネフスキー　生涯と業績』(論文集)2013年(23)

# 目次

凡例

・《　》は (1)『宮古のフォークロア』所収のフォークロア名。

・〈　〉は引用文

・『宮古のフォークロア』の引用は、主に(1)①（ロシア語版）の訳。参考に訳注に(1)②（日本語版）の頁数を記した。

・〔　〕は(2)『宮古方言ノート』の引用。（複数の地域の方言が記されている場合、基本的に平良方言を記した）。

・国際音声記号（一部、ロシア文字式表記）をベースとするネフスキーの音声表記のカタカナへの変換は、(1)②『宮古のフォークロア』の「凡例」「音声テキストの表記について」を参考にした。

・ルビで示した地名は現在の一般的な呼称。（地名）はロシア語で記された地名の訳。

・引用文中の［　］は田中による補筆。

・引用文中の一部の旧字旧仮名を除き、基本的に新字新仮名を用いた。

・本文中の注）番号は章末の注に対応。

・注に記した番号(1)① は「主要参考資料・文献」に対応。

・画像の説明の番号(1)①は「主要参考資料・文献」に対応。

## 序章　ネフスキーとの出会い──何故、宮古なのか

　1998年秋、私は家族の転勤に伴い、東京から沖縄に向かった。眼下に延々と続く海を眺めながら、何故か、すごく遠い所に行くような気がした。沖縄について思いつくことといえば、フィーバー中の歌手・安室奈美恵の出身地であり、数年前の大河ドラマ「琉球の風」の舞台ということ位であった。

　首里城に近い町での暮らしが始まった。10月というのに容赦なく照り付ける太陽に参っていたある日、一つの新聞記事が目に入った。大正から昭和初期にかけて3回も宮古諸島を訪れ、言語や風習を研究したロシアの言語・民族学者ニコライ・ネフスキーの『宮古諸島のフォークロア』(1978)[1] の日本語版『宮古のフォークロア』(1998)[2] の出版記念会が、近く宮古島で開催されると報じていた。

　宮古諸島って何処？　地図を広げると、沖縄島からさらに約300キロ南西に8島からなる宮古諸島が連なっている。私は若かりし頃、大学でロシア語を学び、何度かロシアに行き、極寒も経験した。あんな寒い北国から、こんな暑そうな南の島に3回も行くとは一体どんなロシア人なのか！

　数日後、私は那覇から飛行機で約1時間、宮古島の出版記念会場で『宮古のフォークロア』を手にしていた。目次に歌（アヤゴ）、即興歌（トーガニ）、なぞなぞ、諺、迷信、お伽噺。頁をめくると最初は《根間の主》という歌。〈にーまぬユしゅーがヨ　サーサー　ぬーら　みゅーに　ヘヤルガヘ……〉と、読み方や意味が記されている。チンプンカンプン、まるで外国語である。

　この日、ネフスキーの手書きの「宮古諸島方言研究資料」（後に『宮古方言ノート』[3]）も見ることができた。約5500語をアルファベッド（発音記号）順に並べ、日本語やロシア語で意味や説明を付した辞書のようなものである。その説明が恐ろしく詳しい。例えば〔aʒi［アジ］〕は〔平良村ニ

テハ子供出生スレバあじト称シテ薄ヲ長サ七寸位箸状ニ切リ……来間島ニテハ……伊良部島ノあじハ……同島ノ佐良濱村ニテハ……多良間島ニテハ……」と、1頁にびっしり綴られている。難しい漢字に目が点になる。

交通の不便な時代に宮古諸島を巡り、言葉や歌や風習を聞き集め、難しい漢字を駆使して記録したネフスキーとは何者か。そもそも何故、宮古なのか。まさか、宮古諸島には琉球諸島で唯一ハブがいないからという訳ではあるまい。

調べたところ、20年程前に日本とロシアで伝記が書かれ、どちらの著者も「何故、宮古なのか」と疑問を発していた。

伝記『天の蛇』(1976)[4] の著者・加藤九祚氏は〈……柳田国男や折口信夫、さらには沖縄出身の東恩納寛惇や伊波普猷らの影響によることは疑いないところであろう〉と著名な学者の名前を挙げながらも〈ネフスキーがいかなるいきさつから沖縄、しかもその先島である宮古群島に注目したかは正確には不明である〉と綴っている。

伝記『ニコライ・アレクサンドロヴィチ・ネフスキー』(1978)[5]（以下『ネフスキー伝』）の著者L.L.グロムコフスカヤは〈何故、宮古なのか……それは多分、「神話創造の中心」を探し続ける者にとって、宮古は「約束の地」なのだろう〉と、彼女が編集した『宮古のフォークロア』の解

N.A.ネフスキー『宮古諸島のフォークロア』1978年(1)①

N.A.ネフスキー『宮古のフォークロア』（日本語版）1998年(1)②

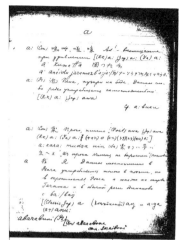

N.A.ネフスキー「宮古諸島方言研究資料」

説に記している。この言葉は何を意味しているのか。

　『ネフスキー伝』の冒頭に、ネフスキーの言葉が掲げられている。〈学問にとって栄誉は無意味である。学者の名声は重要ではない。問題を徹底的に解明するという目的が重要なのである〉。このような言葉を残したネフスキーを私も追ってみたくなった。

　幸い、現在は多くの資料がある。両国の伝記に加え、彼が日本で発表した論文や書簡を集めた『月と不死』(1971)[6] がある。また、彼が日本に残した資料が天理大学図書館に所蔵されている[7]。ソ連崩壊後 (1991) のロシアで『N.A. ネフスキーの琉球諸島の民族学未刊資料』(1994)[8] と『ペテルブルグの東洋学』(1996)[9] が彼の論文を特集で発表した。ロシア科学アカデミー東洋古籍文献研究所 (旧・東洋学研究所サンクトペテルブルグ支部) 所蔵の彼の資料、通称「ネフスキー文書」(以下「N文書」)[10] の閲覧も可能になった。

　これらの資料を用い、また、知られていない資料を見つけ、ネフスキーの足跡を辿り、「何故、宮古なのか」という疑問の答えを見つけたい。

加藤九祚『天の蛇　ニコライ・ネフスキー
の生涯』1976年⑽ ①

L.L.グロムコフスカヤ、E.I.クィチャノフ.
『ニコライ・アレクサンドロヴィチ・ネフス
キー』1978年 ⑾

.『月と不死』1971年⑶

『ペテルブルグの東洋学』8巻1996年⑸

【**序章　注**】

1) (1)①

2) (1)②

3) (2)①

4) (10)

5) (11)

6) (3)

7) (8)

8) (4)

9) (5)

10) (7)

宁波市

[中国]

台州市

[台湾]
台北市

[九州]
鹿児島市

西之表市

奄美市
[奄美大島]

[沖縄島]
那覇

[八重山諸島]　　[宮古諸島]

石垣市　宮古島市

地図1

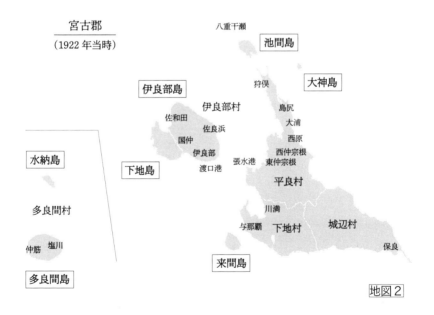

宮古郡

(1922年当時)

八重干瀬

池間島

伊良部島

狩俣

大神島

伊良部村

島尻

佐和田

大浦

佐良浜

西原

国仲

西仲宗根
東仲宗根

伊良部

張水港

水納島

下地島

渡口港

平良村

多良間村

川満

塩川
仲筋

与那覇

下地村

城辺村

保良

多良間島

来間島

地図2

地図1　南西諸島位置図


地図2　宮古諸島

1922 年当時
　宮古郡
　　　平良村　（東仲宗根、西仲宗根、西原、大浦、島尻、狩俣、大
　　　神など 15 字）
　　　下地村　（川満、与那覇、来間など 9 字）
　　　城辺村　（保良など 9 字）
　　　伊良部村（佐和田、長浜、国仲、仲地、伊良部　池間添、前里
　　　添の 7 字、佐良浜は池間添と前里添を合わせた集落）
　　　多良間村（仲筋、塩川、水納の 3 字）
1924 年　平良村が平良町となる。
1947 年　平良町が平良市となり、郡から離脱。
2005 年　平良市が宮古島市となる。（宮古郡の町村は多良間村を
　　　除き、宮古島市に併合）

# 第1章　1892（明治25）年～1919（大正8）年・夏

## 1．ペテルブルグ大学入学まで——ロシア艦隊——日本語教育

　ニコライ・アレクサンドロヴィチ・ネフスキーは1892年3月1日[1]、広大なロシアの西部、古都ヤロスラブリで生まれた。ニコライは名、アレクサンドロヴィチは父称、ネフスキーは姓である。幼くして母エレーナと地方裁判所予審判事の父・アレクサンドルを相次いで亡くし、「ロシアの母なる川」ことヴォルガの河港の町ルィビンスクの祖父母に引き取られた。祖父はロシア正教の聖職者で、ネフスキーは教会構内の石造りの家で育った。祖父の死後、叔母に引き取られ、地元の中学に通った。文学を好み、家庭教師のアルバイト先の村で古い歌を集めたこともある。この頃、日露戦争（1904～5）が勃発し、日本へ引き揚げる多くの日本人がルィビンスクを通過した。鉄道建設の工夫や商人など日本人が極東に大勢いたのである。

　中学卒業後、叔母の勧めもあり、首都ペテルブルグの工芸専門学校に入り、機関士を目指した。シベリア鉄道の完成間近で、機関士が必要とされた時代であった。だが、翌1910年、ペテルブルグ大学の東洋学部中国・日本学科に入学し直した[2]。当時の多くの若者と同様、大国ロシアを破った東洋の小国・日本に関心を抱いたのだろうか。

　あるいは、人気作家イワン・ゴンチャロフの航海記『フリゲート艦パ

Гимназист Николай Невский.
Рыбинск (?), 1906 г.

中学生N.ネフスキー（ルィビンスク？
1906年）(5)

15

ルラダ号』(1858) を読んだのかもしれない。日本との通好条約締結を
目指して来航したプチャーチン提督率いるロシア艦隊の航海記には、琉
球の場面もある。ロシア艦隊が那覇に寄港したのは、ペリー提督率いる
アメリカ艦隊の琉球訪問から8カ月後の1854年1月末。提督秘書と
して参加したゴンチャロフは10日間、那覇や首里を巡る一行の様子を
記録した。

〈私たちの前に開けた空間全体が森や山といっしょに太陽の熱い光線
をあびていた。野良のここかしこに人が働き、田植えをしたり、馬鈴薯
や白菜などをとり入れていた。すべてこうしたものの上に、平和と、穏
やかさと、勤労と豊饒の色合いがふんだんにたちこめていたので、長い、
苦しい、最後には危険でさえあった航海を終えてきた私には、この地が
もっとも魅力的な絶好の避難所のように思われた。……〉3)。

琉球が日本と中国の両方に従属していることや、ロシア側の中国語
通訳ゴシケヴィチが以前、北京で琉球の通訳・板良敷 (牧志) 朝忠と会っ
たことも書かれている。

この話には続きがある。同年秋、再来日したプチャーチン提督一行
の艦が伊豆の下田で津波に遭い大破。幕府や地元民の協力で船が新造
され、日露通好条約が締結 (1855) された。一行は帰国の途についた
が、その一隻に元藩士・橘耕斎が潜んでいた。サンクトペテルブルグ
に着いた耕斎はヤマトフと称し、ゴシケヴィッチ (後に初代駐日ロシア領事)
と共に世界初の和露辞典『和魯通言比考』(1857) を編纂した。そして
1870年、ペテルブルグ大学初の日本語授業で講義を行ったのはヤマト
フであった。


## 2. L. シュテルンベルグ教授——「民族・言語学的方法」

ロシアは日露戦争に負けたとはいえ、ペテルブルグ大学は西側から
の知識の蓄積もあり、高い教育レベルを誇っていた。ネフスキーは世界
的に有名な教授陣を揃えた東洋学部で最新の言語学を学び、音声学によ

り鋭い耳を育んだ。

　ネフスキーに最も大きな影響を与えたのは民族学者レフ・シュテルンベルグ（1861〜1927）である。彼はペテルブルグ大学在学中に革命運動に加わり、極東のサハリン島に流刑にされ、少数民族と暮らしながら彼らの文化を研究した。7年程してペテルブルグに帰った彼は、人類学・民族学博物館に勤めながら学生に講義を行った。

　シュテルンベルグは自らの体験から、民族学で最も重要な研究分野は民族の信仰・宗教と社会の関係であると教えた。また、ある民族の真の生活、特に心理面を知るためには、その民族の言語を徹底的に習得すること、名付けて「民族・言語学的方法」の重要性を説いた。師の教えはネフスキーの研究の基盤となり、師が民族学の必読書として推したJ.フレイザーの『金枝篇』(1890)はネフスキー座右の書となった[1]。

　ネフスキーは夏休みに帰郷し、中学時代のように古い歌や物語を聞き集めた。彼は〈口碑伝説の蒐集が露西亜言語学の発達の根底をなした……〉[2]と語っている。1913年の夏に来日し、2カ月程、日本文学を研究した。この時、大学で学んだ古くさい日本語が通じないことを痛感した。

　1914年、第一次世界大戦が勃発。参戦で疲弊した社会には不満が高まり、革命運動が激しさを増した。そのような状況下でネフスキーはペトログラード（旧ペテルブルグ）大学[3]を卒業したが、日本学科の教授職を得る準備のために大学に残った。勉強は続けられたが無給なので、帝室エルミタージュ（古銭部門）で働き、生計を立てた。

　この頃、比較言語学の大学院で論文を書いていた[4]のが、ネフスキーより1歳年上の天才とも奇才とも呼ばれたE.D.ポリワーノフである。その論文はネフスキーの宮古研究に重要な役割を果たすことになる（2章5）。

## 3．日本留学——民俗学者たちとの出会い

　1915（大正4）年春、ネフスキーは日本語の習熟のため、大学の官費留学生として2年の期限で日本へ派遣された。そして、東京は本郷駒込林町の借家で1年先に来日した大学の先輩N.コンラド（1891～1970）と暮らし始めた。コンラドは東京大学に通ったが、ネフスキーは個人で研究するスタイルを選んだ。

　そんな彼をラッキーな出会いが次々と待っていた。行きつけの古書店の主が民俗学者・中山太郎（1876～1947）に引き合わせ、中山が民俗学界のリーダー・柳田国男（1875～1962）に紹介したのである[1]。

　柳田は農商務省勤務時代に各地で集めた土俗や民間伝承の研究を学問として確立しようとした。1910年、岩手県遠野の佐々木喜善（1886～1933）からの聞き書きを基にした『遠野物語』を刊行。1913年に雑誌『郷土研究』を発刊した。未だ「民俗学」という概念や言葉が定着していない時代である。『郷土研究』は若き研究者の発表の場となり、柳田邸には国語・民俗学の折口信夫（1887～1953）やアイヌ学の金田一京助（1882～1971）らが集まった。

　柳田の回想。〈始めてネフスキー君が訪ねて来てくれたのは、たしか大正四年(1915)の秋の頃であった。其次の年には彼の二十五の誕生日に、呼ばれて駒込の家に行ったことを記憶して居る。乃ち私よりも十六ばかり若かつたのである。其頃の日記を出して見ると、我々のこしらへて居た幾つかの集会に、彼の出て来なかったことは稀であり、又旅行にもよく同行した〉[2]。

　柳田にとって、ネフスキーは単に日本語が上手いロシア人ではなかった。飛び入りした郷土会例会で日本の伝説を披露して一同の肝を奪い[3]、柳田が陶酔するフレイザーの『金枝篇』[4]を座右の書とする学徒であった。

　ネフスキーは柳田邸で折口や中山と共に風土記を学んだ。また、学生時代のように常陸国（茨城）にフィールドワークに出掛け、巫女の呪

術などを聞き集めた[5]。同行した中山はネフスキーより 16 歳年長である。日露戦争時は従軍記者として満州などに赴き、その後『郷土研究』に触発され、柳田に師事した。中山は破天荒な言動で度々トラブルを起こしたが、明快で大雑把な性格がロシア人には親しみ易かったのか、ネフスキーとの付き合いは長く続いた。


## 4. 「大学への報告書」──『風俗画報』

　留学期限があと半年に迫った頃、ネフスキーは「1915 年 12 月 1 日から 1916 年 12 月 1 日までの日本における研究に関する帝国ペトログラード大学への簡略報告」[1]（以下「大学への報告」）を母校へ送った。

　彼は研究テーマを日本固有の信仰・神道としたことを報告した。彼は〈神道とは何かという問いに、うまく答えられる日本人は少ない〉と記している。そして、その原因を神道が仏教や道教や儒教などの中国の信仰の影響、国学者や国粋主義者の教義の影響、さらに国家主義の影響を受け、本来の教義が曖昧になったからであると分析する。

　ネフスキーが来日した時代も、明治政府が国民の精神的統合のためとして推し進めた国家神道が浸透し、宗教と政治が一体化していた。一例は神社合祀令（1906）である。集落毎にあった神社が合祀され、集落に伝わる風習が絶え、神社周辺の自然が破壊された。

　ネフスキーは、これまでの神道教義が、その時代の生きた民俗的資料に注意を向けなかったことを指摘する。そして、神道研究の唯一の方法は、地方で生きている物語や風習、踊り、子供の遊びなどの調査、比較、伝播地域のグループ分けであるとした。また、神道の基本的要素であるアニミズム[2]とシャーマニズム[3]の研究の重要性を挙げた。恩師シュテルンベルグの影響が色濃く見える。

　彼は研究の目的を〈「神話の発生地点［複数］」、言い換えると「国内の神話創造の中心」を見つけ、神話の地域的発展の過程を決定する。その中心を日本と外国の歴史の関係の中で検討し、その神話の発生地を見つ

ける〉と記した。さらに〈それは日本民族の起源に（少なくとも古代史に）光を当てるだろう〉と綴った。

神道研究の必読書も列挙されている。古典資料は『古事記』『日本紀』風土記、祝詞、『万葉集』など約十冊。雑誌は柳田国男らが寄稿した『人類学雑誌』(1886 ～)、柳田国男が創刊した『郷土研究』(1913 ～ 1917)、そして『風俗画報』。

『風俗画報』[4] は大日本帝国憲法が発布された 1889 (明治22) 年に発刊された。各地の風俗や歴史、大事件などを石版絵画付きで紹介した日本初のグラビア誌である。しかし、写真の普及の影響もあり、1916 年に廃刊となった。大衆誌のためか、当時の学術書で同誌について言及したものは、あまり見ない。ただ、中山太郎は同誌にしばしば寄稿し[5]、巫女に関する情報が豊富な資料として自著『日本巫女史』(1930) [6] に挙げた。

柳田国男は『郷土研究』(1916) に〈『風俗画報』第四五八号［1914］に見えたる茨城県方言の中に……〉[7] と短い文を寄せている。また、この号で〈方言の研究に趣味を有って居られる人が中々多いやうだから〉と、新たに「方言欄」を設けたことを報告した。一方、『風俗画報』は早くも 1896 年に「言語門」を設けている。

『風俗画報』は神道研究のみならず、方言研究資料としてネフスキーの宮古研究に関わることになる (2章2)。


## 5．帰国延期──『万葉集』

2 年の留学期限が目前に迫った 1917 年 3 月、ロシア革命が勃発。ロシア帝国滅亡、ソビエト政権の樹立と混乱が続いた。大学からの送金が途絶え、祖国の親族や友人から日本に留まることを勧める手紙が届いた。体調も崩した。ネフスキーは帰国の延期を決断。商社に勤めながら上野の帝室図書館に通い、本を読み漁った。その 1 冊に沖縄の民俗・言語学者、伊波普猷の『古琉球』(初版 1911、再版 1916) [1] があった[2]。柳

田国男や折口信夫、そしてネフスキーに大きな影響を与えた同書については第2章で述べよう。

　夏には柳田国男の『遠野物語』(1910) の舞台・岩手県遠野へフィールドワークに出掛けた。また、この頃、神社合祀の反対運動で知られた植物学者・南方熊楠に、樹木崇拝などアニミズムについて尋ねる手紙を送った[3]。

　1918年の2月から4月にかけ、ネフスキーは折口信夫から『源氏物語』と『万葉集』の講義を受けた[5]。折口は前年、画期的な『口訳万葉集』(1916〜17) を、さらに『万葉集辞典』(1919) を刊行している。ネフスキーは「大学への報告書」(1916) に『万葉集』を神道研究の必読書として挙げた。だが、講義を受けた目的には琉球・宮古研究の準備も含まれていたと考えられる。第3章で明らかにしよう。

　2月、雑誌『太陽』に「露国留学生　ニコラス・ソスニン」の名で「冠辞異考」を寄せた。学習中の『万葉集』の引用が多く見られる。祖父の名をペンネームとしたこの論文は、ネフスキーが日本で初めて発表したものとされる[4]。

　1918年8月、折口が雑誌『土俗と伝説』を刊行し、表紙を〈ねふすきい寫す〉と記された遠野の獅子踊りの写真が飾った。また、ネフスキーの名による初の論文「農業に関する血液の土俗」[6]が掲載された。文中〈人間の最原始的の位置の一つとしては、石根・木立・草の片葉も言語ふと考へた時代、即ちあにみずむの時代を認めなければならぬ〉などと「あにみずむ」が繰り返されている。引用文献は柳田のもとで学んだ『播磨風土記』や『日本書紀』『古語拾遺』『植物妖異考』、台湾の民族に関する『蕃族調査報告書』などなど多種多様である。

　文中、彼は呼び掛けた。〈一体、神話の原因は、研究者の時代に、末残つてゐる土俗即風俗・習慣・年中行事などに捜さなくてはならぬ、抑奈良朝の書物に見えた右の禁厭は、今迄日本の片田舎に残存してゐるかどうか。読者諸君の御教へを願ひたい〉。

　この呼び掛けに〈ねふすきい君の農業に関する血液の土俗を見て、思ひ出した儘琉球の血液の土俗を報告する……〉[7]と沖縄の末吉安恭

(1886〜1924) が応じた。末吉が報告したヤギの血による治療法は、後
にネフスキーの論文「(宮古の) 病気治療」[8] に引用された。


## 6．東恩納寛惇——先島地誌4種——『混効験集』

　ネフスキーは 1919 年秋から北海道の小樽高等商業学校でロシア語
教師として勤務することになった。生計を立てるためであったが、「大
学への報告書」に記した〈神話の発生地点の探求〉の一環でもあったの
だろう。恩師シュテルンベルグの北方民族研究との関連も考えられる。
　6月半ば、柳田国男、折口信夫、中山太郎らがネフスキーの歓送会
を開いた。その直後、柳田は沖縄出身の東恩納寛惇 (1882〜1963) に手
紙[1] を送った。ネフスキーが東恩納に借りて返すつもりだった〈先島
地誌4種〉が柳田の手もとにあるという内容である。地誌のタイトル
は不明だが、ネフスキーが既に先島、つまり宮古・八重山諸島に関心を
持っていたことが明らかになった。
　東恩納は東京帝国大学文科大学史学科に在学中に『大日本地名辞書』
の琉球の部を担当した歴史学者で、当時は東京の中学の教員であった。
彼はネフスキーに本を貸しただけではない。
　ネフスキーは小樽赴任直後の 10 月、東恩納へ手紙を送った。まず先
島地誌が返却されたかを問い、続けて〈あなたの御指導で『混効験集』
を学び始めましたが、乾巻の支体で終わってしまいましたね。手紙でよ
いので講義を続けて頂けませんか〉[2]。東恩納はネフスキーに『混効験
集』なるものを教えていた。また、ネフスキーの東恩納宛ての手紙[3] に、
『おもろさうし』について記されている。
　『混効験集』と『おもろさうし』は、ネフスキーの宮古関係の論文や
『宮古方言ノート』[4] (以下『方言ノート』) の随所に記されている。これらは
どのようなもので、ネフスキーの宮古研究とどのように関わっているの
か。
　この他にも、ネフスキーは小樽赴任までに、いくつかの琉球・宮古

関係の資料・文献と出会っていることがわかった。中には存在自体、あまり知られていない資料もある。次章では、彼を宮古研究に誘<sup>いざな</sup>った可能性があるこれらの文献について述べたい。そのためには日清戦争前夜まで遡らなくてはならない。

## 【第1章 注】

### 1．ペテルブルグ大学入学まで──ロシア艦隊──日本語教育
1）旧2月18日（旧・新暦とも諸説ある）参考：В.П.Зайцев, "*К вопросу о дате рождения Н.А.Невского*"（V.P. ザイツェフ「ネフスキーの誕生日の問題に関して」）⒇
2）参考：⑽
3）『ゴンチャローフ日本渡航記』高野明　島田陽訳、新異国叢書11、雄松堂出版、1988年、540頁

### 2．L.シュテルンベルグ教授──「民族・言語学的方法」
1）⑾p.34～35
2）石黒魯平「音声尊重と言霊愛護（日本音声学協会のこと）」『民族』2巻2号、1927年、321頁
3）ペテルブルグは1914年にペトログラード、1924年にレニングラード、1991年のソ連崩壊後にサンクトペテルブルグと改称
4）⑿37頁

### 3．日本留学──民俗学者たちとの出会い
1）中山太郎『校註　諸国風俗問状答』東洋堂、1942年（⑽①313～314頁）
2）『大白神考』1951年（⑽①301頁）
3）1915年12月第37回郷土会例会の記録〈ニコライ・ネフスキー（飛び入りの珍客）＝谷中初音町南泉寺の女夫石の探検談を披露し、一同肝を奪われた〉『柳田国男伝』柳田国男研究会、三一書房、1988年、426頁
4）柳田は1911年に『金枝篇』を読み始めた。『［別冊］柳田国男伝』三一書房、1988年、19頁
5）中山太郎『日本巫女史』大岡山書店、1930年（八木書店、1969年、18頁）

### 4．「大学への報告書」──『風俗画報』
1）⑸①p.255～263
2）自然界の事物は具体的な形象と同時に固有の霊的存在を持つとみなす信仰（参考：『広辞苑』）
3）神や霊などと直接交流する者を介して霊的存在と交流する宗教現象（参考：『広辞苑』）
4）⑿①
5）中島河太郎「中山太郎伝」中嶋淑人編『中島河太郎著作集　下巻』論創社、2021年、46頁
6）『日本巫女史』大岡山書店、1930年（八木書店、1969年、68頁）
7）『郷土研究』第四巻第一号、1916年（『柳田国男全集25』筑摩書房、

2000 年、48 頁）

## 5．帰国延期──『万葉集』
1）⒁①②
2）⑾ p.57
3）吉川壽洋「ニコライ・ネフスキーの南方熊楠宛書簡」『熊楠研究（第4号）』2002 年
4）桧山真一　ロシア・ソヴェート文学例会「むうざ」の口頭発表、1999 年
5）『折口信夫手帖』折口博士記念古代研究所、1987 年、68 頁
6）⑶①
7）「沖縄書き留」『土俗と傳説』第 1 巻第 4 号、1919 年
8）⑸④（執筆年不明）、参考：付録 1、田中水絵　論文①

## 6．東恩納寛惇──先島地誌 4 種──『混効験集』
1）『東恩納寛惇全集第九巻』付録 9、1981 年、7 頁
2）*Письмо,адресовнное Фидзяунна Квандзюн,*（ふぃじゃうんなくわんじゅん（東恩納寛惇）宛ての手紙、1919 年 10 月 8 日、小樽）、⑸⑨ p.340
3）⑶⑫「ニコライ・A・ネフスキイ氏書簡翻刻（一）」176 頁
4）⑵

## 第2章　ネフスキーと黎明期の琉球・宮古研究

### 1．田島利三郎──『おもろさうし』『混効験集』「先島の歌」

　ネフスキーが1歳を迎えた1893（明治26）年、沖縄では社会が分断、紛糾していた。琉球国は琉球藩になり（1872）、廃藩置県で沖縄県となったが（1879）、琉球国時代から冊封関係にあった清国との間の帰属問題で、ヤマト派と清派が激しく対立したのである。

　この年、琉球に深い関心を寄せる二人がやって来た。一人はイギリスの日本学・言語学者バジル・ホール・チェンバレン（1850～1935）。彼は祖父バジル・ホールが77年前に英国艦船を率いて訪れた沖縄で約1カ月間、琉球国時代の首都・首里の言葉を調べた。

　もう一人は、チェンバレンが沖縄を去った直後に首里の沖縄県尋常中学校に赴任した24歳の国語教師・田島利三郎（1870～1929）。身の丈六尺（180㎝）程の大男である。新潟の日本海を見下ろす神社の養子として育った彼に神職の道を捨てさせ、太平洋に浮かぶ島に連れてきたのは、人づてに聞いた〈彼の地には、五十巻ばかりの琉球語もて記されたる文書あり、而かも、今は如何なることを記載せるものなるかをだに、詳にする者なし〉[1] という話であった。

　翌1894年、日清戦争が勃発。そのさなか、田島は謎の文書『おもろさうし』を探し出した。これは16世紀から17世紀にかけて首里王府が編纂した歌謡集で、琉球各地で歌われたオモロ（神歌）約1550首が22巻に収められている。田島は『おもろさうし』を筆写し、語釈を書き入れた。

　〈[田島] 氏は言語学者チェムバレン氏が一種不可解の韻文として匙を投げた『おもろさうし』の研究に指を染め、その助けをかりて古琉球を研究しようと試みた。氏がオモロの研究に熱中しているのを見て、当時の人は氏を一種の奇人としてあしらった位である〉[2] と生徒の伊波普猷

は回顧している。

　また、田島は内裏 (宮廷) 言葉を集めた唯一の琉球古語辞書『混効験集』(18世紀初頭) を筆写し、説明を書き入れた。『混効験集』はオモロの解読にも必要な辞書であった。

　田島は琉球文化を愛した。前述の生徒・伊波の回想。〈先生はその土地を研究するには何よりも先にその言語に精通しなければならないと云ふことに気がついて居られたので、到着早々から琉球語の研究に没頭された。そして一年も経たないうちに、沖縄人と同じ様にその方言をあやつることが出来た。それと同様に歌謡や組踊の研究などもやられたから、沖縄人以上にその古語に通じてゐた〉[3]。まさにネフスキーがシュテルンベルグ教授から伝授された「民族・言語学的方法」と同じである。

　1895年7月、日清戦争が日本の勝利で終結すると、沖縄は一気に日本に同化し始めた。言語も例外ではなかった。伊波は〈……琉球語の激変は、日本の戦捷の結果、親日の機運が激成された為だ、といって差支えなからう〉と綴り、辛くも日清戦争勃発の前年のチェンバレンの研究を〈能くその時期を得たもの〉[4]と評した。チェンバレンは「日本アジア協会」(1872年設立、横浜) の『紀要』で論文「琉球語の文典及び辞書の補助としての試論」(1895)[5]を発表し、琉球語を初めて学問的に研究した書として高く評価された。だが、チェンバレンは〈琉球と台湾の間のほとんど未知の島々の言語〉の研究の必要性を述べている。

　沖縄県尋常中学校も日本への同化を強め、普通語 (共通語) の授業を増やすために英語科の廃止などを企てた。さらに10月、突然、田島を罷免した。生徒はストライキを起こし、伊波らリーダー数人が退学させられた。

　1897年1月、沖縄の新聞社を辞した田島はチェンバレンの言う〈ほとんど未知の島々〉の一つ、宮古島に渡った。ここでも何故、宮古島なのかという疑問が生じる。生徒たちの会話の中で、宮古出身者の言葉に何か特別なものを聞き取ったのだろうか。

　田島は〈宮古島のことは……三十日間彼の地に滞在し取調ぶることを得たり。而して彼の地にありては又、立津、富盛、下地等の諸氏の助

けを得て、現今傳へられたる記録、及び長歌短歌の半以上を集むること
を得たり〉[6]と綴っている。富盛は田島の教え子・富盛寛卓（とみもりかんたく）である。田
島は『宮古島旧記』（18世紀）[7]を筆写し、多くの歌（アヤゴ）を採録した。

　その後、田島利三郎は上京し、学校で教えながら論文を発表した。「混
効驗集」（1897）には、琉球藩末の宜湾朝保（ぎわんちょうほ）が記紀万葉等を例に、琉球
語と国語が同語であることを証明したと綴った。そして、琉球研究が疎
かにされていることを批判し、〈……混効験集第一部、余の所信を添へ
て世に公にするは、唯深く世人に注意を望み、併せて研究の資に供せん
とするのみ〉[8]と古語3語を挙げて解説し、文末に〈つゞく〉と記した。
しかし、連載はなかった。

　「琉球語研究資料」（1900）[9]では、琉球語資料の〈古格を竊ふるに大
なる據り所とも云うべき〉「おもろ」や様々な歌、碑文、組踊など紹介
した。また、「先島の歌」の冒頭に〈先島とは、宮古島八重山島を総べ
ていふなり。今日の日本語と琉球語とに於けるが如く、琉球語と先島語
との間には、語学者にとりては、非常に興味ある関係を有すべし〉[10]と
綴り、『宮古島旧記』中のアヤゴや自ら採録したアヤゴ数首を記した。

　田島の研究資料の量と貴重さに比し、発表された数はあまりにも少
ない。その背景に沖縄への関心や知識が乏しかった時代が見える。「琉
球語研究資料」は24年後、生徒の伊波らにより『琉球文学研究』[11]と
して再出版された。

　ヴォルガ河畔の教会で育ったネフスキーが日本海を見下ろす神社で
育った田島の研究資料と出会うまでには10年以上の歳月を要する。そ
の間に、日清戦争直後に書かれた謎多き資料について述べたい。


## 2．『沖縄風俗図絵』——謎多き「宮古島言語」

　N文書のリストに〈抜書き「宮古島言語」『風俗画報』〉[1]という項目
がある。『風俗画報』（1889〜1916）[2]は前述（1章4）のように、日本各
地の風俗や歴史などを最新技術の石版絵画付きで紹介したグラビア誌

『沖風俗図絵』1896年 ⑫ ②（国会図書館所蔵）

で、ネフスキーの「大学への報告書」（1916）に神道研究の必読誌の 1
冊として挙げられた。

　『風俗画報』と「宮古島言語」の関係を調べたところ、同誌が 1896
年 6 月に刊行した臨時増刊（117 号）『沖縄風俗図絵』[3] に「沖縄の言語」
と題し、「沖縄島の言語」と「宮古島言語」が記載されていた。増刊発
行の背景には前年の日清戦争終結がある。清との関係を完全に断ち、日
本の「版図」となった沖縄の歴史や風俗、芸能、そして言語が紹介され
たのである。同誌は、この 1896 年 1 月（106 号）から言語門を設けていた。

　「沖縄島の言語」は前書き〈…沖縄語は国語と同一なれども絶海の孤
島にして加ふるに永く交通を杜絶せしが故に各特異の発達変化を遂げ
…〉に続き、「日をテーダ」「月をツィチ」など、137 語と会話例 49 が
記されている。

　「宮古島言語」は前書きに〈……人口四萬……風俗頗る古雅を存す
……今宮古島を世に紹介せんとするに当り特に記すべきものなし、但、

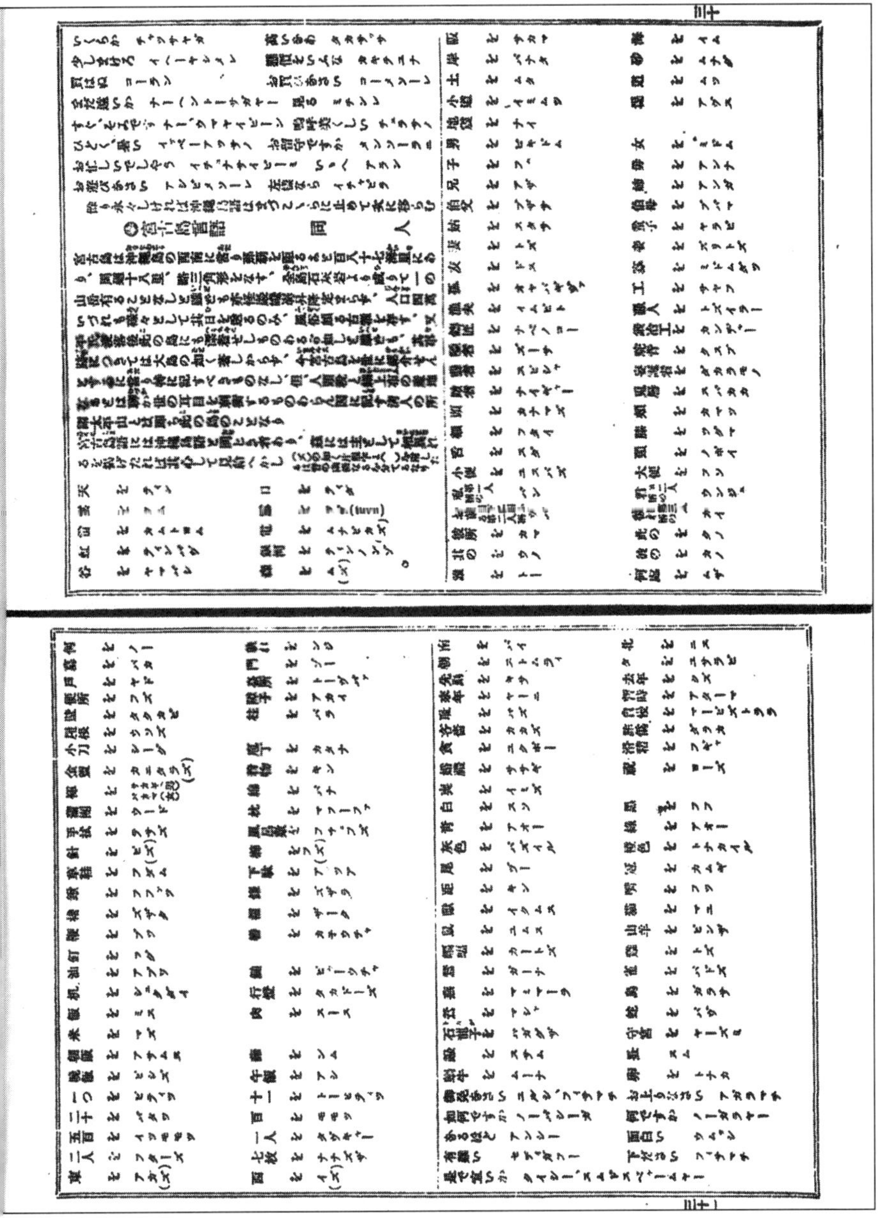

『沖風俗図絵』の「宮古島言語」⑿②

人頭税と細上布の産地なるとは聊か世の耳目を刺衝するものあらん因に記す清人の所謂太平山とは即ち此の島のことなり〉とある。人頭税は琉球国が先島の農民に課した過酷な頭割の税制である。沖縄県になっても存続し、宮古の代表が上京して帝国議会に廃止を求め、注目された。廃止されたのは1903（明治36）年であった。

　続いて〈宮古島語には沖縄島語と同じき者あり。茲には主として相異れるを掲げたれば其心して見給へかし。……〉と、161語と会話例46を記載。この中には、ネフスキーの『方言ノート』[4]と表記法こそカタカナと国際音声記号と違うが、類似した言葉が多数ある。

　一つは前書きに〈（ズ）の如く片假字［?］（　）を附したるは音の幽微なるを分てるなり〉と書かれている言葉である。例えば〈森を　ム（ズ）〉〈東を　アカ（ズ）〉〈西を　イ（ズ）〉。『方言ノート』には〔muz　森〕〔agaz　東〕〔i:z　西〕。

　次に、日本語ハ行子音の古音pを含む言葉。「宮古島言語」では〈墓を　パカ〉〈一つを　ピティツ〉など。『方言ノート』は〔paka　墓〕〔pˢïti-cï　一つ〕。古音pについては早くから国内外の研究者が注目した。次節から紹介しよう。ネフスキーも論文「音素p考」[5]を書いた。

　さらに、両者には音も漢字も合致する項がいくつかある。例えば「宮古島言語」の〈距をキン〉〈駝背をクスプ〉は『方言ノート』に〔kiŋ　距〕〔kusïpu　駝背〕。注目すべきことに、ネフスキーの論文「天の蛇としての虹の観念」[6]のキーワード3語も、「宮古島言語」に〈天をティン〉〈蛇をバヴ〉〈虹をティンバヴ〉と記されている。『方言ノート』にも〔tiŋ　天〕〔pav　蛇〕〔timbav、tim-pav　虹。「天蛇」の意〕。

　『風俗画報』の方言資料は、1916年に柳田国男が『郷土研究』に設けた方言欄より格段に語数が多い。ネフスキーの『方言ノート』と一致点が多く、精度も高いと考えられる。しかし、当時、『風俗画報』を評価したものは、ほとんど見られない。昭和になり、やっと国語学者・東条操[7]や国語学会[8]が黎明期の方言学を推進した雑誌として、チェンバレンなど外国人の論文を掲載した『日本アジア協会紀要』や『東京人類学会雑誌』と共に『風俗画報』を挙げた。ネフスキーは日本人より早く

伊波普猷『古琉球』再版1916年 ⑭②
(国会図書館所蔵)

田島利三郎(右)と伊波普猷(左)
(東京　1899年)⑭②

同誌の方言資料を評価し、抜書きをしたのである。

　では、「沖縄の言語」の筆者は誰か。「白龍居士」と記されているが、本名は不明である。同年、『沖縄語典』(1896) を刊行した仲本政世には宮古島との関わりは見えない。

　唯一人、沖縄島と宮古島の言語に通じている人物として思い浮かぶのは田島利三郎である。だが、田島の資料と「宮古島言語」の音声表記には一致しない点がある。また田島は〈風俗画報の号外琉球風俗の杜撰は、唯営利を主とする一雑誌のことなれば、問ふに足らざれども…〉[9]と『風俗画報』に否定的なことを綴っている。とはいえ、「沖縄の言語」を批判している訳ではない。

　ネフスキーが謎多き「宮古島言語」に出会い、抜書きした時期は不明である。早い時期だとしたら、彼を宮古研究に誘（いざな）う大きな要因となったに違いない。

## 3. 伊波普猷——『古琉球』

　沖縄県尋常中学校のストライキから8年後の1903年。リーダーの一人として退学となった伊波普猷（1876〜1947）は、東京帝国大学文科大学（現・東京大学）に入学した。そして、琉球語研究が遅れている状況を知り、周囲の勧めもあって言語学を専攻した。

　ある日、伊波と友人が暮らす借家に田島利三郎が現れた。彼は2〜3カ月、伊波たちと同居し、毎日少しずつ『おもろさうし』の講釈をした。そして、〈他日その研究を大成してくれ〉と沖縄関係資料を悉く伊波に譲り、飄然と去った。台湾へ渡ったという[1]。

　伊波は1906年に大学を卒業すると直ちに帰郷し、古文書や古老の話を集め、先島を巡った。宮古島では、田島の来島時に世話をした伊波の同窓生・富盛寛卓に歌を聞いた。そして1911年、『古琉球』[2]を発表した。冒頭「自序」に〈……まず言わなければならぬことは、恩師田島利三郎氏のことである〉と、中学での出会いから資料を譲られた経緯を綴った。

　伊波は〈琉球群島はさながら天然の古物博物館である〉と述べ、日本で失われた、あるいは失われつつある宗教や思想、言語などの「古物」を紹介した。

　言語については「琉球人の祖先について」に、初めて日琉同祖論を唱えた向象賢（羽地朝秀1617〜1675）の説を継いだ宜湾朝保（1823〜1876）の『琉語解釈』から約50語を挙げ、〈以上の言葉を記紀万葉源語の如き日本古代の文学を読んだはずのない小さい島々の愚民が、日常使っていると聞いたら、誰れしも驚かずにはおれまい〉と綴った。そして、交通が不便で日本文化の影響を余り受けなかった国頭、宮古、八重山では、日本語ハ行子音の古音pが盛んに使われていると、パ（葉）、パ（歯）、パタキ（畠）など5例を挙げた。「P音考」では、さらに論考を深め、19語を挙げている。

　宮古島に関する記述も多い。『宮古島旧記』（18世紀）に記された歌や、

同窓生の富盛寛卓から聞いた歌（アーゴ）を紹介し、〈その句調や何かが、『万葉』のそれにも似通っているのは少しく注意すべ点と思う〉。そして、〈アーゴはとにかく宮古島の精神的産物である。宮古島の特徴を知ろうとする人はそのアーゴを一瞥すべきである〉[3] と推した。

宗教については〈今日の沖縄人の宗教思想はかなり複雑であるが、その中から儒教や仏教や道教などの分子を引き去って見ると、日本の神道と殆んど同じようなもののみが残る〉[4] と記している。

田島利三郎が探し出し、筆写した『おもろさうし』については〈琉球の万葉ともいうべき神歌〉[5] と形容し、〈世にオモロを措いて琉球固有の思想と琉球古代の言語を研究すべき資料はない〉[6] と記している。

伊波から『古琉球』を贈られた柳田国男は大きな刺激を受けた。特に『おもろさうし』が日本の固有信仰の解明という自身のテーマにとって有効な手掛かりとなると考えた。『郷土研究』に連載の「巫女考」（1913〜14）には〈沖縄の神道が世人の想像する程内地と縁遠くはない〉と綴っている[7]。

ネフスキーはロシア革命勃発で帰国を延期した 1917 年頃、上野の図書館で『古琉球』を読んだ（1 章 5）。柳田の影響があったかもしれない。読んだのは 1916 年刊行の再版[8] であろう。再版には田島利三郎が筆写した『混効験集』が付録されていた。ネフスキーが小樽赴任前に東恩納寛惇から学んだ琉球古語辞典である。

『古琉球』再版の巻頭には言語・文献学者の新村出による琉球語研究史ともいえる「南嶋を思いて」が掲げられた。新村は、チェンバレンや外国船の航海記などに記された琉球語資料について綴っている。また『中山伝信録』（1721）やアーデルング『言語集』（1806）の先島の方言資料を極めて曖昧としながらも挙げている。N 文書には、これらの文献の抜書きがある[9]。

一方、新村は田島利三郎の『おもろさうし』研究については、一部が雑誌で披露されたことを書いているが、宮古研究には触れていない。『沖縄風俗図絵』の「沖縄の言語」も記していない。次に挙げるドイツ人の論文にも言及がない。

『アフリカ及びオセアニア言語雑誌』1900年 (19)（ボン大学近現代日本文化センター所蔵）

— 292 —

|  | Miyakoshima: | Oshima: |
|---|---|---|
| Auge | mi | |
| Nase | pana | |
| Ohr | mim | wie im Japanischen |
| Zahn | pa | |
| Zunge | sda | shiwa |
| | (d sehr weich und zierlich) | |
| Hand | ti | ke (vulgär) |
| Fuss | paguδh | hagi |
| Sonne | tēda | tida |
| Mund | zkú | |
| Stern | pusḥ | fushi |
| | (das h isolirt und zart, aber sehr deutlich) | |
| Himmel | sora | |
| Gott | kam | |
| Nord | nish | manish |
| Süd | pai | hainokaze (Südwind) = jap. |
| West | isḥ | nish |
| Ost | agal | ire |
| Morgen | stomodi | hiruma, hitomete, hikama |
| morgen, cras | adsa | asắ, adshá |
| Mittag | mapsumu | hima, mapiru |
| Abend | yosarabi | yosande, yone, yosari |

A. ウィルト『新琉球諸方言』方言表（左からドイツ語、宮古方言、大島方言）(19)

## 4．知られざるドイツ人 A. ウィルト ── 「新琉球諸方言」

　明治から大正初期に宮古諸島の言語に関心を抱いたのは、田島利三郎や伊波普猷だけではない。ドイツ人やロシア人もいた。ドイツ人と言っても、伊波普猷が「獨逸に於ける唯一の南島研究者」[1) で紹介したエドムンド・シーモンではない。シーモンは 1910 年から 1913 年にかけて数度、沖縄島を巡り、伊波と交流し、ドイツで『琉球国』[2) (1914) を出版した。

　伊波も知らなかったドイツ人はアルブレヒト・ウィルト（1866～1936)。ウィルトは 1900 年に論文「新琉球諸方言」[3) を発表した。現在もほとんど知られていないこの論文を、私は日本で見つけることができず、ドイツから入手した[4)。ドイツでも、あまり知られていないという。

　ウィルトは南太平洋のドイツの植民地の島々で植民地関係の仕事に携わりながら各地を巡り、歴史や言語を研究した[5)。

　論文は次のように始まる。〈1897［明治30］年頃、マライ語調査のためにフォルモサ［台湾］を訪ねた。それから琉球諸島にもマライ語の痕跡を見出せるかもしれないと思い、楽園のような沖縄と湿度の高い大島を半月かけて巡った〉。

　ウィルトは宮古島に上陸したのだろうか。上陸したら、その頃、宮古島で歌を集めていた田島利三郎に会ったかもしれない。彼は上陸しなかった。海難事故を怖れたのだろうか。1873年、宮古沖でドイツ商船ロベルトソン号が座礁し、タイピンサン（宮古島）の住民が乗組員を救助して帰国させた。船長が綴った34日間の滞在記はドイツの新聞に載り、本も出版された。ドイツ皇帝が感謝の印に贈った「博愛記念碑」は今も宮古島に建っている。

　ウィルトは宮古方言と八重山方言を〈［沖縄島の］首里で複数の中学生から聞き取った〉。首里には沖縄県尋常中学校と師範学校があった。尋常中学の生徒・伊波普猷は2年前に退学させられていた。

　さらにウィルトは〈沖縄北部の荒れた山岳地域の山原方言は、当地に長く住む一人の日本人と地元民数人から聞いた。沖縄南端の方言は那覇の苦力［労働者］から聞いた。大島の言葉は政府の通訳や地元民から聞いた。それらは常に2、3人の信頼できる情報提供者によりチェックされた〉と綴っている。

　その後、ウィルトは〈東京でチェンバレンの琉球語に関する優れた著作に接し、自分が集めた資料の半分以上が不要だった事が分かった……。また琉球語がマライ語に似ているという自説も一笑に付された〉。ちなみに、現在は琉球語とマライ語は関係があるとされている。

　ウィルトは調査結果を日本で発表することを諦め、ドイツに帰国後、論文「新琉球諸方言」を『アフリカ及びオセアニア言語雑誌』(1900)で発表した。この誌名と論文名が前述のドイツ人シーモンの『琉球国』(1913) 付録の文献リストに記されている。

　ウィルトは論文に、アルファベッドと彼自身の工夫による音声記号で表した諸方言とドイツ語の対応表を掲げた。方言数は、八重山方言53、宮古方言142、本島の山原方言53、本島南端の方言109、［奄美］

大島の方言 130。最多の宮古方言 142 語は『沖縄風俗図絵』の「宮古島言語」(1896) の 161 語に次ぐ数である。

　宮古方言の例を挙げよう。参考に〔　〕内にネフスキーの『宮古方言ノート』の例を記した(採録地は省略)。東　agal〔agaz, agal〕、西　isʰ〔iːz ,iːl〕、南　pai〔pai〕、北　nish〔nisï〕、蛇　pavu〔pav〕、目　mi〔miː〕、鼻　pana〔pana〕、歯　pa〔paː〕、男　bkidom〔biki-dum〕、女　medúm〔midum〕。

　ウィルトは日本語ハ行の古音 p などの音韻に着目し、〈極めて独特な宮古方言〉と記している。ウィルトは外国人で最も早く宮古方言に注目し、最も多くの宮古方言を記録した。だが、彼の論文が日本で知られるには、長い時間とロシア人言語学者の存在を必要とした。


## 5.　先輩 E.D. ポリワーノフ ── 「日琉語比較音韻論」

　そのロシア人言語学者は、ネフスキーのサンクトペテルブルグ大学の先輩エフゲニー・ポリワーノフ(1891～1938)である。大学卒業後(1912)、比較言語学の大学院に在籍し、1914 年に最初の論文「日琉語比較音韻論」[1] を発表した。インターネットの無い時代、琉球語に目をつけ、海外の論文の文献を駆使して論文を書き上げたポリーワーノフ。奇人としても名を馳せたが、数か国語を操る天才でもあった。

　彼は〈琉球語に親しんだ源泉〉として 2 資料を挙げている。沖縄本島の首里方言の資料は、かの有名な B.H. チェンバレンの「琉球語の文典及び辞書の補助としての試論」(1895)[2]。そして、〈是は他の琉球諸方言を幾分か知ってゐると云ふ事に由って自分にとつては貴重なのである〉[3] と用いたのが、A. ウィルトの「新琉球諸方言」であった。

　ポリワーノフはウィルトが集めた琉球諸方言中、宮古方言に注目した。特に日本語のハ行子音の古音 p を保つ言葉に着目し、pana (鼻)、pa (歯)、pass (橋)、opu (大きい) を挙げ、〈*p。宮古島言葉は最も保守的であつて、其處では p が保存された〉[4] と論じた。

E.D.ポリワーノフ「日琉語比較音韻論」1914年 (20)
（東京外国語大学図書館八杉文庫所蔵）

　ポリワーノフは論文の抜冊をネフスキーに贈った。〈愛するニコライ
アレクサヌドロヴイチ　ニエフスキィへ　著者より　好箇の祈念に〉と
いう献辞を付けて。

　この抜冊をネフスキーから貸与され、1934年に初めて日本語に訳し
た吉町義雄の「訳者の前置」によれば、赤インクで記された献辞の日付
が滲み、1914年12月か1917年12月か判読できない[5]。1914年な
らば、ネフスキーの日本留学前である。また、ポリワーノフは論文発表
直後から毎年のように来日し、長崎や京都、東京で言語調査を行った[6]。
東京ではネフスキーなどロシア人の常宿である本郷菊富士ホテルに泊
まっている。渡す機会はあった。

　いずれにせよ、ネフスキーは帰国を断念した1917年にはポリワー
ノフの論文を手にしていた。日本の古い信仰を探していたネフスキーは、
先輩が示した日本語の古音が保存されている宮古島に、言語面から新た
な研究の場の可能性を見出したのではないだろうか。

　ネフスキーが「日琉語比較音韻論」について言及したものは見当た
らない。しかし、ネフスキーの音声テキストの表記がポリワーノフの用

いた方法と似ていることは、ポリワーノフも指摘していることである[7]。ポリワーノフは同論文に〈私の用いる転写法は基本的に国際音声学協会のアルファベットであり、これにL.V. シチェルバによる補足 (1911年) を加える〉と記し、c=ts、ȝ=dz などの特殊例を挙げている。シチェルバはペテルブルグ大学の音声学の教授で、ポリワーノフとネフスキーは特に優秀な生徒だったいう[8]。二人の優秀な生徒の関係は、伊波普猷に及ぶことになる (7章3)。

　ところで、ネフスキーはウィルトの論文を読んだのか。『宮古方言ノート』に〈Edmund Simon〉の書き込み[9]があることからも、シーモンの『琉球国』の文献リストに記載されたウィルトの論文を読んだ可能性はある。なお、『大日本書誌』(1907)[10] にも「新琉球諸方言」が記されている。

【第 2 章　注】

## 1．田島利三郎 ——『おもろさうし』『混効験集』「先島の歌」
　1）「琉球語研究資料」『国光』1900 年（⒀②163 頁）
　2）⒁「自序」
　3）「田島先生の舊稿　琉球語研究資料を出版するにあたって」『琉球文学研究』（⒀②139 頁）
　4）「チエムバレン先生と琉球語」『国語と国文学』第 12 巻第 4 号、明治書院、1935 年
　5）⒅
　6）「琉球語研究資料」『国光』1900 年（⒀②236 頁）
　7）首里王府の命により報告された資料を編纂したもの。「御嶽由来記」（1705）、「雍正旧記」（1727）、「乾隆旧記」（1736 〜 95）から成る。（参考：『沖縄大百科事典』）
　8）『国学院雑誌』第 4 巻第 3 号、1898 年（⒀②91 〜 94 頁）
　9）『国光』1900 年⒀
　10）「琉球語研究資料」『国光』1900 年（⒀②236 頁）
　11）⒀①

## 2．『沖縄風俗図絵』——謎多き「宮古島言語」
　1）⑺宮古 182（資料の内容は未確認）
　2）⑿①
　3）⑿②
　4）⑵
　5）⑸⑤、参考：田中水絵　論文②
　6）⑸③、⑻①
　7）東條操『方言と方言学』春陽堂、1938 年、22 頁
　8）『方言学概説』　国語学会編、武蔵野書院、1962 年、6 〜 7 頁
　9）「混効験集」『国学院雑誌』1898 年（⒀②93 頁）

## 3．伊波普猷 ——『古琉球』
　1）「田島先生の舊稿『琉球語研究資料』を出版するにあたって」（⒀②148 〜 149 頁）
　2）⒁①
　3）⒁「可憐なる八重山乙女」
　4）⒁「琉球人の祖先に就いて」
　5）⒁「琉球の口承文芸」
　6）⒁「オモロ七種」
　7）『柳田国男伝』柳田国男研究会編、三一書房、1988 年、557 〜 558 頁
　8）⒁②

9）⑺雑 278 － 2、琉球 213、221

**4．知られざるドイツ人 A. ウィルト——「新琉球諸方言」**
 1）『帝国大学新聞』第 127 号、1925 年 8 月 17 日
 2）E.Simon, *Beiträge zur Kenntnis der Riukiu-Inseln* ,1914
 3）⒆
 4）2004 年、ボン大学近現代日本研究センターから入手。
 5）Wer ist's?（ドイツ人名辞典）1935

**5．先輩 E.D. ポリワーノフ ——「日琉語比較音韻論」**
 1）⒇
 2）⒅
 3）㉑ 37 頁
 4）㉑ 46 頁
 5）㉑ 35 頁
 6）㉒ 37 頁
 7）㉒ 81 頁
 8）⑾ p.24
 9）⑵②上 103 頁
 10）*Bibliography of the Japanese Empire* Vol.2 ,1907（『大日本書誌』
   ゆまに書房、1998 年）

# 第3章　1919（大正8）年・夏〜1922（大正11）年・春

## 1．小樽赴任前夜——上運天賢敷——宮古方言

　柳田国男は1925（大正14）年、南島研究の現状を「学問上の未開拓地」[1]
と呼んだ。だが、明治から大正初期にかけ、第2章に挙げたような琉球・
宮古諸島に関する資料・論文が国内外で書かれていた。ネフスキーは、
いち早くそれらを読み、宮古諸島に日本本土や沖縄本島で失われた風習
や言葉が残っていること、それらを伝える歌（アヤゴ）が生きていること
を学んだ。ロシア革命勃発で帰国を断念し、日本で研究を続けることを
決めた彼の視野に宮古研究が入った。

　ネフスキーは恩師シュテルンベルグの教えに従い、研究対象の言葉
を徹底的に学ぶことにした。日本古語を知るため折口信夫に日本の古
典『万葉集』を学び、琉球の古語を知るために琉球古語辞典『混効験集』
を東恩納寛惇に学び始めた。先島地誌も読んだ。1919年夏に小樽の学
校へ赴任するまでに、これだけの準備をしたのである。次は宮古方言の
学習である。

　伝記『天の蛇』は宮古方言を学んだ時期と期間について、ネフスキー
の日記を基にした1921年から22年にかけての冬の1週間という説と
方言を教えた宮古出身者から直接聞いた話を基にした説を挙げている[2]。

　宮古出身者はネフスキーより2歳年下の上運天賢敷（後に稲村と改姓、
1894〜1978）である。父方の祖父は首里から宮古に遣わされた上級役人
で、宮古沖で遭難したドイツ商船ロベルトソン号の遭難・救助（2章4）
に関わっている。上運天は宮古島の高等小学校卒業後、経済的理由から
小学校の代用教員として働いた後、沖縄県師範学校本科入学、再び小学
校勤務という道を経て、1919年に25歳で東京高等師範学校に入学し
た[3]。

　『天の蛇』が伝える上運天の話によると、東京高等師範に入学した年

の夏、茗荷谷の寮の舎監から〈宮古方言を調べたがって、島の出身者をさがしているロシア人がいるが、君ひとつ教えてやってくれぬか〉と言われ、ネフスキーと会った。当時、ネフスキーは小樽高商のロシア語教師をしており、夏休みに上京して、銀座あたりの旅館に泊まっていた。上運天はそこに1カ月くらい通い、ほとんど毎日午後2時間ほど宮古方言を教え、その後もネフスキーが上京するたびに会って教えたという。

「茗荷谷の寮」は沖縄県学生寮・明正塾、「舎監」はネフスキーに『混効験集』を講じた東恩納寛惇である。東恩納は中学で伊波普猷の4年後輩であった。

上運天の話は50年余りも前のことだから記憶が薄れているだろう、と1921年から1922年冬の説が有力視されているが、苦労の末に入学した年のことを忘れるだろうか。ネフスキーにしても、いつまで日本に滞在できるかわからない状況で、一刻も早く宮古方言を学び、宮古諸島に行きたかったのではないか。

1919年6月中旬、ネフスキーは送別会の直後、小樽に渡った。しかし、2学期が始まる9月まで彼の授業はなかったようである。柳田国男に宛てた手紙によると、ネフスキーは7月に青森の温泉に行っている[4]。その後、東京に戻り、宮古方言を学んだことは十分あり得る。また、N文書に1921年春と思われる上運天との学習の記録がある（3章5）。


## 2. 小樽──『混効験集』『おもろさうし』の学習──オシラ神研究

当時、東京から小樽までは上野から汽車で青森へ行き、青函連絡船で津軽海峡を渡り、函館から再び汽車に乗る。上野を夕方に出ると、翌朝、小樽に着いた。

小樽は日露戦争後、ロシアから獲得した南樺太への玄関、北洋漁業の基地、そして商業地として発展した。1911年、小樽港を見下ろす山の中腹に小樽高等商業学校が開校した。多くの外国人教師を高給で招き、「北の外国語学校」と称された。

　職員や生徒も各地から集まった。開校時、宮古島からも石原雅太郎<sup>いしはら が た ろう</sup>
（1884〜1975）が海を渡り、職員となったが、直ぐに帰郷した。東京の
大学で学んだ優秀な人材を宮古島が必要としたのである。石原は小学校
長や町長などを経て、戦後、平良市長になった<sup>1)</sup>。

　1919年秋、ネフスキーは教壇に立った。彼のロシア語の授業は厳し
くもユーモア溢れ、学生から慕われた。だが、小樽港からシベリア出兵
（1918〜1922）の軍艦が出ていた情勢下、常に当局から監視された。

　このような北国暮らしの中でも、ネフスキーの琉球・沖縄への関心
は続いていた。10月、東恩納寛惇に手紙を送った。〈あなたの御指導で
『混効験集』を読み始めましたが、乾巻の支体で終わってしまいましたね。
手紙でよいので講義を続けて頂けませんか〉<sup>2)</sup>。

　琉球古語辞典『混効験集』は乾坤の二巻からなる。N文書<sup>3)</sup>にはノー
ト6冊からなる『混効験集』の抜書きがあり、坤巻の最後の門「言語」
に属する「まさなさ」が記されている。学習は続いたのである。6冊目
には「おもろの間書き」と記され、約20頁にわたり日本語と音声記号
が綴られている。

　冬休みに上京したネフスキーは、柳田国男に東北のオシラ神研究を勧
められた<sup>4)</sup>。1920年に入ると、各地の研究者に「シラ」という言葉と
巫女との関わりを尋ねる手紙を送った。柳田国男には〈色々人種や民族
の巫祝の俗名はシャマンを始として知るといふ言葉に根ざして居るに就
ては、今更述べる必<sup>(要ヌケ)</sup>は御座いません〉と書いている<sup>5)</sup>。

　東恩納寛惇にも『琉球国旧記附録』『八重山童謡集』『おもろさうし』
に記された「シラ」や「知ん<sup>シーン</sup>」という言葉をもとにした神の名や巫女の
俗名などを尋ねた。『おもろさうし』に関しては、重要な要素「対句」
について言及している<sup>6)</sup>。彼が『おもろさうし』を研究していたことは、
前述の「おもろの間書き」の抜書きでも伺える。『方言ノート』には約
40語に「omoro」の書き込みがある。ちなみに、『おもろさうし』が刊
行され、伊波普猷や柳田国男、折口信夫らが研究会を開くのは1925年
である。ネフスキーは、おもろ研究でもパイオニアの一人といえよう。

　また、彼は東北の巫女やシベリアのシャーマンが神下しの時に持つ

ものに関連して、琉球のユタが使う楽器や弓を用いる例について質問した。シベリアのシャーマニズムへの言及は、恩師シュテルンベルグの北方研究との関連も考えられる。師を通して北国の信仰との繋がりを考える姿勢は、宮古研究でも続く（6章4）。

　1920年夏、ネフスキーは上京した。だが、上運天賢敷との宮古方言学習の機会はなかった。上運天は経済的な理由で東京高等師範学校を休学し、宮古島に帰っていたのである[7]。

　8月末には岩手県遠野を旅し、オシラ神を研究した。秋から冬は、小樽市民に人気の外国語劇の準備に追われた。『小樽新聞』11月4日付記事〈高商外語大会には久振りで露語劇『吝嗇な武士』[プーシキン作]が上演される。……目下ネフスキー教師指導　鈴木義雄君監督の下に練習に励んで居る〉。

　また、この年、折口信夫が編集同人の短歌雑誌『アララギ』に「ねふすきい・にこらい」の名で、大学時代に田舎で聞いた「ろしあの百姓唄」を寄稿した[8]。土曜の夜に若者や娘が集い、バラライカを弾き、踊りながら歌う即興歌（チャストゥーシカ）である。後にネフスキーは南の島で数々の即興歌（トーガニ）を聞くことになる。


## 3. 柳田国男の沖縄旅行──折口信夫の沖縄旅行

　1920年暮れ、柳田国男が沖縄に発った。柳田が沖縄への関心を抱いたきっかけは、笹森儀助の『南嶋探験』（1894）や、弟の松岡静雄（海軍軍人、言語・民族学者）宅に寄宿した宮古島出身の東京帝国大学法科大学生・比嘉財定から聞いた宮古島の話だという。その関心は伊波普猷から贈られた『古琉球』（1911）により高まった。柳田は同書で紹介された『おもろさうし』が日本の固有信仰の解明という彼自身のテーマにとって重要な手掛かりになると考えた。彼は伊波と手紙を交わすようになった[1]。

　1921年1月5日、那覇に着いた柳田は16日間の沖縄島滞在中、幾度も沖縄県立沖縄図書館（以下、沖縄図書館）の初代館長・伊波と会った。

柳田国男の渡欧壮行会、前列向かって右から柳田国男、ネフスキー、金田一京助、
2列左から折口信夫、今泉忠義、中山太郎（東京の折口邸　1921年3月31日）⑽

20 日、那覇港から宮古経由の船で八重山に向かったが、高波のため宮古で一泊。新聞に連載した旅行記「海南小記」に〈……宮古には往返を合せ一昼夜しかいなかったゆえに、川満・与那覇の方面の二三の村を、馬で通ってみたのみであった〉[2]。

　だが、柳田は自身の日記には、目にし、耳にした興味深いことを書き留めた。誰に聞いたのか、宮古島の対岸の伊良部島のことも記している。〈伊良部新神主　村長国仲寛徒自らのりとをよむ。村民帰服せず、数年にして之をやめ、今は又元のツカサをして神を拝せしむ〉[3]。村長の名を記憶に留めてほしい。

　柳田が帰京して 1 カ月程後の 3 月 31 日、東京の折口信夫邸で国際連盟委任統治委員として渡欧する柳田の壮行会が開かれた。大勢が写った写真の前列、柳田国男と金田一京助の間にネフスキーが座っている。一同、折口自ら揚げた天ぷらに舌鼓を打ちつつ、新聞に連載中の柳田の沖縄旅行の話で盛り上がったに違いない。

　折口信夫曰く〈柳田先生が行かれるまでは、沖縄人をば、単に言語の上においてのみ、同種と見、支那人の子孫と考へるのが世間では固よ

り、一部学界の常識となってゐた。それを先生が、舊日本人の早い時期の分派であり、寧、此等南島を経て、舊日本の地に這入って来たのが、我々の祖先だ、と凡證明せられた〉[4]。柳田の影響力の大きさと同時に、一部学界でも田島利三郎や伊波の研究が、あまり知られていなかったことが伺われる。

　7月半ば、折口も沖縄島を中心に久高島などの離島を巡った。1923年夏にも沖縄から台湾まで旅した。宮古島には上陸していない。彼は「琉球の宗教」(1923) に、琉球神道は内地の古神道の巫女教の姿を現に保っていると書きつつも〈而も琉球は、今は既に、内地の神道を習合しようとしてゐる過渡期と見るべきであらう。沖縄本島の中には、村内の御嶽（オタケ）を、内地の神社のやうに手入れして、鳥居を建てたのも、二三ある〉[5]と綴っている。


## 4. 八重山の宮良當壮──日記

　柳田国男の壮行会には八重山・石垣島出身の宮良當壮（みやながまさもり）（みやらとうそう、1893～1964）[1]も参加していた。宮良は1919年、苦学の末に国学院に入学し、金田一京助や折口信夫らに師事し、柳田国男に紹介された。1920年夏には、故郷・八重山で方言採集を行っている。

　几帳面な宮良が書き続けた日記[2]の1921年3月31日の記述。〈……西大久保の折口先生方へ行くと……露西亜人のネフスキー氏が居られ、柳田先生は早速紹介して下さった……ネフスキーさんは「サ、宮良君！」と盃をすすめられた。食後僕は八重山の歌を二、三曲歌って講釈をつけた。九時半散会。金田一先生とネフスキーさんの三人で赤門前まで話し乍ら歩いた。ネフスキーさんのコーカサス辺の蛙の声の発音を聞かされて、その妙な音に驚いた。迚［とて］も真似られない。……〉。

　宮良は4月3日、神田の旅館にネフスキーを訪ねた。〈……種々言語学上の問題に就いて語りしも未だ充分ならざるを以て、氏は露国大使館附日本新聞翻訳官の言語学者オレスト・プレトネル氏[3]を電話にて呼

べり。……流石に熱心なる外国人なれば、廻らぬ舌を上へ下へ様々になして漸く発音するを得たり。然れどもピビの二音は尚不可能なり。……二氏は鶏の雄雌の鳴声、七面鳥、犬の声を巧みに真似て、予を大いに笑倒せしむ。十時帰宅〉。4日も訪問。〈ネフスキー氏は昨夜の話を清書してゐられた。そこへ折口先生が来られた。……〉。

　この年、宮良が発表した「琉球　八重山諸島の民謡（一）」[4] には、表中のローマ字記載記号は、オレスト・ブレトネルとネフスキー両兄の援助を受けた、と書かれている。ネフスキーと、1歳年下の宮良は研究上の同志、そしてライバルとして関わり続ける。


## 5．小樽高商のノート──宮古方言学習再開

　N文書に銀杏のデザインの表紙の中央に「高商」と印刷された小型のノート[1] が2冊ある。ネフスキーが勤めていた小樽高等商業学校のノートである。1冊には3頁に渡り〈ある金持ちの家に娘がいた……〉と物語の音声テキスト、ロシア語訳、語意。4頁目に〈物語の冒頭部分と語意はウィウンティン　ケンプ［上運天賢敷］からの聞書き。1921

小樽高等商業学校の（伊藤整の）ノート
（小樽文学館所蔵）

年4月7日、東京のフィジャウンナ　クワンジュン［東恩納寛惇］の家で記録した〉。

　21年は22年と読めなくもない[2]。21年のこの日は、宮良當壮が宿を訪れた3日後である。上運天は1919年に東京高等師範学校に入学したが、1920年に学費の問題で休学して帰郷した。1921年に平良村の貸費生となり、復学した[3]。ノートの記述は上運天の回想通り、学習の機会が複数回あったことを示し、最初の学習が1919年の夏だったという上運天の記憶の信頼性を高めるものである。

　N文書の高商ノートと同じものが、私立小樽文学館の作家・伊藤整のコーナーに展示されている。ネフスキーが高商を去った1922年春に入学した伊藤は、ネフスキーに会っていない。だが、彼の自伝的小説[4]から、第一次世界大戦後の世界的なインフレーションに喘ぎながらも活発に動く小樽の街や、小樽高商の自由な校風など、ネフスキーを囲んでいた小樽が浮かび上がる。伊藤の1学年上に、後のプロレタリア文学作家・小林多喜二がいた。当時、第2外国語には経済・法律の術語に使われるドイツ語を選択する学生が最も多く、次にフランス語、ロシア語と中国語が続いた。小林はロシア語を選択しなかったが、リノリウム敷きの廊下や図書館でネフスキーとすれ違ったかもしれない。


## 6. 冬の日記1 ——アイヌ語——宮古方言

　1921年暮れ、ネフスキーは小樽から東京へ向かった。12月29日には金田一京助の家でアイヌ語を学んだことが、居合わせた宮良當壮の日記[1]に綴られている。

　ネフスキーは12月30日から、表紙裏に「銀座　伊東屋［文具店］」のシールが貼られた黒革風の日記帳（N文書）[2]に、その日の出来事や学習内容を綴った。これは伝記『天の蛇』がネフスキーの宮古方言学習の時期の判断の根拠として一部を紹介した日記[3]と同じものと考えられる。以下はN文書の日記の要訳[4]である。

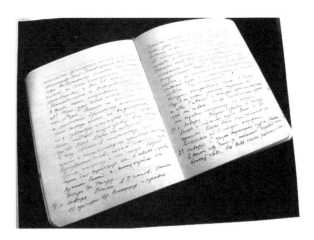

N.A.ネフスキーの日記〈1921年12月〜1922年1月〉(6)

　〈12月30日……年賀状を数枚書いた……今月20日に小樽で筆録し
たメノコ・ユーカラ［アイヌの歌］の解釈に取り掛かる。……10時頃、師
範学校生の上運天賢敷が来訪。一昨日、東恩納［寛惇］に頼んでおいたのだ。
28歳（数え年）の青年で、宮古島（地元でミャークズマ）平良村東仲
宗根の出身である。ミャークの意味は「全てが叶う所」「成功」。例えば
「ヴァンダガ　ミャーク　自分の思った通りに」。

　上運天から「ウンヌパナスィ［鬼の話］」の聞き書き［内容省略、音声テキ
スト、ロシア語訳、約100語の意味。約10頁に代名詞・動詞表など］。上運天は3時
に帰った。4時頃に中山［太郎］、6時頃に折口［信夫］が来て、主に民俗
学雑誌の発行について話し合った。私と中山は出資を申し出た［三人で外
出］……12時頃就寝。

　12月31日……10時半、上運天、来訪。まず、辞書のための語彙の
筆録［約30語］。次に物語「ウヤキムヌ　トゥ　コイムヌ［金持ちと貧乏人］」
の聞き書き。学習中、ホヅミが来た。上運天と寿司を食す。上運天が帰っ
た後、ホヅミと外出し、プレトネルなど友人と会う。帰宅後、1時まで
日記をつけた。寝際に咳、出血し、驚く。結核か？

　1922年1月1日……旅館の女中と主人夫婦が新年の挨拶に来た。朝

食に酒とおとそが出た。……3時に柳田[国男]を訪問、4時に部屋に戻った。食後、メノコ・ユーカラの整理。8時に中山を訪問。9時半頃までベルモット酒を飲み、民俗学の話 [福島県相馬郡の結婚] をした。帰宅後、床の中でメノコ・ユーカラの整理。

　1月2日……10時頃、上運天から今日は行けないので明日行くという電話。……[来客]。……6時までメノコ・ユーカラの整理。……[来客]。

　1月3日……11時頃、上運天、来訪。先回の話を最後まで整理[約100語]。次に歌を筆録 [音声テキストと語意]。1．「ニーマヌシュー [根間の主]」。上運天は続きを知らなかった。「ニーマ　根間 [漢字]」は地域名。このような歌を「アーグ　民衆の歌」という。2．「トーガニ」宴会で歌われる即興歌。酒を注いだ杯を渡す時に歌う。3．「アマグイ　雨乞」。長く雨が降らない時に歌う。以前は娘も歌ったが、今は男のみ。野趣溢れた歌が多く、大部分は即興歌。4．「カヌシマ　恋歌」。他に上運天は日本語で悪魔の話をした[内容省略]。2時半頃、上運天が帰った。その後、ホヅミや中山を訪問。

　1月4日……10時、上運天、来訪。名詞変化と物語「イーヌパナスィ」の筆録 [約5頁に音声テキスト、語意]。[3時頃からプレトネルや中山ら友人と会った]。

　1月5日……10時、上運天が友人の下地ショーチ（紹知 [漢字]）を連れてきた。同じ平良でも西仲宗根の出身である。下地の発音はトーンの高まりがより強く、з [z] の音が多くの場合、有声であることが上運天と異なる（上運天は大概、無声）。話し手の発音により、どの村の者かわかると二人は断言した。宮古のある地域の方言は標準（平良）と甚だしく異なり、他の地域の者は正しく理解できないことがあるという。2時、来客。琉球の人たちと別れの挨拶を交わした。上運天に謝礼6円を渡したが、十分かどうかわからない。3時、金田一 [京助] のところへ挨拶に行き、6時半頃まで過ごした……〉[日記2に続く]

## 7．冬の日記2──萬谷イソ──大阪へ

〈1922年1月6日　朝、柳田［国男］に電話すると来るように言うので駆け付けた。朝食（餅とおせち料理）が出され、4時まで談笑。柳田は私が宮古出身者と勉強していることを大いに喜び、資料をまとめてよいものができたら京都大学の紀要に載るように尽力すると約束してくれた。また、私の大阪への赴任が決まったことを知ると、必ず文部省の専門学校管轄局のマツウラ局長に挨拶に行くように言った。柳田は1年も前に私の大阪外国語学校への採用を頼んでくれたのである。柳田はヨーロッパから多数の民族学の文献を持ち帰っていた。［その後、プレトネルら友人と会う］。少々、風邪気味……帰宿し、入浴し、薬を飲み、就寝。

1月7日……文部省に行くと、マツウラ氏が愛想よく迎えてくれた。……日本橋で妻への土産の襟巻などを買う。岡村、ホソイと会う。その後、ロシア大使館の新年祭で談笑。……帰宿し、日記を書き、アスピリンを飲む。寝る前にチョーボ［帳場？］に明日の小樽行の切符と座席指定券の30円を払った。

1月8日……オレスト・プレトネルが預けておいた『朝鮮語辞典』を持って来た。……夕方、小樽へ発つ。

1月10日　朝、小樽着。寒い、吹雪。家に変わりなし。イソコ［妻］は土産の襟巻に大満足である。

1月23日　朝から猛吹雪。今年は異常だ。連日、大雪。雪下ろしの人を雇った。……雪が目を塞ぎ、道が凍結し、学校からの帰宅が困難である。道の雪は長靴より高く積もっている〉［日記終わり］

3月、ネフスキーは柳田宛ての手紙に〈小生は御承知の通り一週間しか宮古人に接したことが御座いませんし、且又一人にしかあつた事が御座いませんから、広い意味に於ての文法を聞き得る事が出来ないのは当然の事であります〉[1]と書いた。だが、1月5日の日記に上運天が宮古島出身の友人を連れてきたことを記している。上運天の回想やN文書

の記録（1921年4月の学習）とも食い違う。ネフスキーにとっては、この冬以前の初歩的な学習は学習のうちに入らなかったのかもしれない。手紙や論文に時折見られる彼特有の謙遜だろうか。

　3年間の小樽生活はネフスキーの人生にとっても研究にとっても大きな意味を持つ。萬谷イソ（1901～1937）と結ばれたのも小樽であった。イソは北海道積丹の網元の家に生まれた。家が傾き、小樽高商の外人教師宅の手伝いをしている時にネフスキーと知り合った。イソの性格は、ロシア人に向けられる目が厳しい時代にネフスキーと親しくなったことでも察せられよう。短歌や琵琶を得意とする多才な人であった[2]。

　東北のオシラ神研究に着手したのも小樽時代である。随分と没頭したが、論文を書くまでに至らなかった。この結果を惜しんだ柳田国男は〈過去数十年の久しきに亘つて、この興味ある我邦の信仰現象の一つが、まだ安全なる解釈に到達し得なかつたのは、原因は主として一地方の変化が、あまりにも著しく且つ複雑であつたがためで、更に幾分か北境に偏して居るだけに、或は蝦夷文化の影響ででもあるかの如き、漠然とした推測も手伝つて居なかつたとは言へない〉[3]と研究の難しさを綴っている。

　アイヌ語研究も小樽で始まった。アイヌから初めて筆録したのは1921年2月[4]。その熱中ぶりは前述の日記が示すところである。大阪に転居後もアイヌを呼び寄せて研究を続けた。論文の〈……歌［カムイ・ユーカラ］の作者はシャーマン、特に女のシャーマンである。彼女たちの呪いは、アイヌが考えや感情を表す最も一般的な形式で、神々の言葉を言い表すものである〉[5]という記述が示すように、アイヌ研究もシャーマニズム研究に繋がっていた。

　琉球語とアイヌ語の両方の研究はネフスキーに限ったことではない。チェンバレンは琉球語研究の前にアイヌ語を研究した。柳田国男は沖縄旅行の4年後の1925年、南北両端から日本文化の全体像を捉えようと北方文明研究会を立ち上げた。会には金田一や折口信夫、中山太郎、そして、伊波普猷も参加した。

　1922年3月末、ネフスキーは小樽を去り、大阪へ向かった。日記に

書かれているように、新設の大阪外国語学校への就職には柳田国男の仲
介があった。少しでも宮古諸島に近づくようにという配慮だろうか。

## 【第3章　注】

### 1．小樽赴任前夜――上運天賢敷――宮古方言
1）講演「南島研究の現状」1925 年、『啓明会講演集』啓明会事務所
2）⑽① 133 ～ 137 頁
3）参考：仲宗根将二「稲村賢敷――その足跡と研究世界」『宮古研究』
　　第 7 号、宮古郷土史研究会、1996 年
4）「ネフスキー氏書簡」『柳田国男全集第 19 巻』1999 年、筑摩書房、
　　150 頁

### 2．小樽――『混効験集』『おもろさうし』の学習――オシラ神研究
1）『平良市史』第 1 巻　通史編 1　第 5 編　第 1 節
2）⑸⑨ p.340
3）⑺琉球 211
4）⑶ 134 頁
5）⑶⑫ 174 頁
6）⑷⑫ 147 頁、176 ～ 177 頁
7）参考：仲宗根将二「稲村賢敷――その足跡と研究世界」『宮古研究』
　　第 7 号、宮古郷土史研究会、1996 年
8）『なろうど』24、復刻・解題　伊藤一郎、ろしあ・フォークロア談
　　話会会報、1992 年 3 月、54 ～ 60 頁

### 3．柳田国男の沖縄旅行――折口信夫の沖縄旅行
1）『柳田国男伝』柳田国男研究会編、三一書房、1988 年、554 ～
　　558 頁
2）『柳田国男全集Ⅰ』筑摩書房、1997 年、522 頁（朝日新聞連載は
　　1921 年 3 月 29 日～ 4 月 30 日、5 月 3 日～ 20 日。計 32 回）
3）1921 年 1 月 31 日の記述。柳田国男著、酒井卯作編『南島旅行見聞記』
　　森話社、2009 年
4）折口信夫「地方に居て試みた民俗研究の方法」柳田国男編『日本
　　民俗学研究』岩波書店、1935 年、27 頁
5）『世界聖典外纂』『古代研究第 1 部　第 1 民俗学篇』大岡山書店、
　　1929 ～ 1930 年、51 頁

### 4．八重山の宮良當壮――日記
1）本来は「みやらとうそう」。自らは「みやながまさもり」と名乗った。
　　ネフスキーは「みやらとうそう」と記している。
2）⒂
3）オレスト・プレトネル（1892 ～ 1970）。ペテルブルグ大学東洋学
　　部でネフスキーの同級生。1916 年から東京のロシア大使館に勤務。
　　1923 年から大阪外国語学校で勤務し、一時期、ネフスキーと同居

した。
4）『国学院雑誌』第27巻4号、1921年

## 5．小樽高商のノート──宮古方言学習再開
1）фонд 69,оп.2,ед.хр.17
2）2012年当時、N文書のコピーや写真撮影は不許可。田中の筆写により判読難が生じた。
3）仲宗根将二「稲村賢敷〜その足跡と研究世界」『宮古研究』第7号
4）『若い詩人の肖像』新潮社、1972年

## 6．冬の日記1──アイヌ語──宮古方言
1）⒂
2）⑺фонд 69,оп.2,ед.хр.278
3）⑽① 133頁
4）⑹の要訳(田中)。[　]内の学習内容はN文書⑺より田中が筆写した。
　　参考：田中水絵　論文③

## 7．冬の日記2──萬谷イソ──大阪へ
1）『懐徳』第34号（⑽135頁）
2）⑽① 143〜146頁
3）『柳田国男先生著作集　第十一冊　大白神考』実業之日本社、1951年、59頁
4）⑼② 　65頁
5）⑼①(参考：⑼②32頁)

## 第4章　1922（大正11）年・夏

## 1．1回目の宮古調査旅行——折口信夫宛の絵葉書

　1922年の夏が来た。宮良當壮の日記[1]。〈七月十七日……ネフスキー氏より『人類学雑誌』代二円来る。同氏は既に琉球へ下られたりといふ〉。

　宮良はこの年の3月まで、『人類学雑誌』に「八重山諸島物語」を連載していた。

　ネフスキーの初の宮古旅行には、方言を教えた宮古島出身の上運天賢敷が同行した。大阪港から鹿児島を経由し、那覇港に上陸。前年1月に柳田国男が泊まった「梛原館」に宿泊し、友人たちに手紙を書いた。伝記『天の蛇』が伝える友人宛て手紙の日付は7月20日。〈今日は琉球の那覇湾に着きました。二十五日の船で宮古島へ参ります。宮古の言葉やアーグ（歌ノ事）を研究したいと思ひます……〉[2]。

　だが、25日には出航しなかったようである。私は消印が7月26日の絵葉書を入手した[3]。上半分に〈東京府下西大久保三〇七　折口信夫様　那覇梛原館にて　ねふすき〉。下半分に〈去年貴兄の踏んだ土地へ廿日に着いて宮古行の船を待ってゐます。廿七日まではないそうですからいやになっちまひます。此の葉書の繪は御承知で御座いますあの有名な二十日正月の尾類馬[4]（ハツカショウグワチ　ズリウマ）［赤鉛筆でルビ］です。船を待ちながら色々の本を読んでゐます。さよなら　七月廿四日〉。

　ネフスキーは先島の交通について、大阪商船株式会社の定期船・八重山丸（夏季には宮古丸も）が那覇、宮古島、八重山、台湾間をほぼ10日毎に通っているが、宮古・八重山海域は台風のために、しばしば運行が妨害されると論文「宮古の概要」[5]に書いている。

　大正時代でも往来が容易でなかった沖縄島と宮古島。古の時代の両島の往来は、どのようなものだったのか。ネフスキーは言語の観点から次のように記している。〈琉球の公式資料に依れば、14世紀末、ミャー

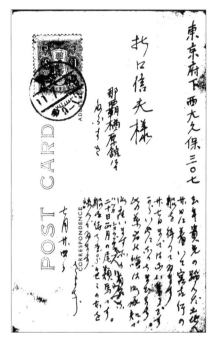

ネフスキーの折口信夫宛絵葉書（1922年7月24日）
（田中水絵所蔵）

ク［宮古］（首里でナーク、那覇でマーク）が初めて琉球［中山］に貢物を
持って来た時、彼らは琉球の言葉を理解できなかった。そこで彼らの長
は 20 名を国の言葉を学ばせるために沖縄島に残した〉。

　続いて〈私は、当時の宮古の言葉が、まったく別の語族の何か特別
な言葉であったとは思わない。宮古諸島の孤立した位置、外部世界との
定期的な交流の欠如が言葉の進歩の速度を緩慢にした。より正確に言え
ば、そのプロセスを内的なものにした。密閉した容器の中で混合物を発
酵させるように〉。

　残された宮古人は 3 年かけて琉球語を学んだ。宮古は中山と服属関
係を結び、1390 年、琉球王府の統治下におかれた。争いが絶えなかっ
た宮古島内は落ち着いたが、税が課せられた。1609 年、琉球国が薩摩
に侵略されると、さらに苛酷な頭割の「人頭税」（粟・反布納）を課せ

られ、沖縄県になっても続いた。抗議運動が本土でも注目されたことは
『沖縄風俗図絵』（1896）が報じたとおりである。人頭税が廃止されたの
は 1903（明治 36）年であった。

　いよいよ、出航である。ネフスキーより 2 カ月程前に那覇港から八
重山丸に乗った詩人・佐藤惣之助（1890〜1942）は〈私はこんなに見送
りのさかんな、そして明るい淡黄色の異国的な港を見たことはない……
みんな狂喜のやうに手巾をふり、なかには国旗をふる女もあり……〉と
『琉球諸嶋風物詩』（1922）に綴っている。

　出航後の様子は、宮古経由で八重山に赴いた宮良當壮の日記（1920
年 7 月 17 日）を覗いてみよう。〈那覇に余儀なく滞在すること九日間、
愈々那覇港を出帆することになつた。今日も天候はあまりいい方でなく、
波浪高く船は木の葉のやうに翻弄せられ、十分間に一回宛嘔吐をなし、
腹は空つぱになつて遂に胃液まで出す苦しみだった〉。

## 2．富盛寛卓──採録の方法

　ネフスキーも出航まで待たされたが、後は順調であった。〈大阪から
鹿児島まで、さらに琉球列島の首府・那覇まで、そして遂にこの「母な
る港」から宮古群島の平良まで、全道中、すばらしい天気が続き、海は
静かだった〉[1] と綴っている。

　折口信夫宛ての絵葉書に書いたとおり 7 月 27 日に那覇港を出航した
ならば、漲水港（現・平良港）に入ったのは 28 日。港にいた人々は近づ
く艀に赤味がかった金髪に碧眼のネフスキーを見つけ、「オランダが来
た！」と騒然としたに違いない。難破船で流されてきたオランダの話は
聞いているが、自ら島を訪れたオランダは恐らく初めて見るのだから。
ネフスキーの『宮古方言ノート』に〔uranda オランダ。1．欧州　2．
西洋人〕。

　とうとうネフスキーは宮古島に上陸した。柳田国男も折口信夫も佐
藤惣之助も上陸したが、船の積荷が終わると八重山に向かった。だが、

ネフスキーは休む間もなく、富盛寛卓（とみもりかんたく）(1871〜1924) を訪ねた[2]。富盛は田島利三郎が 1897 年に宮古島で助けを得たと「琉球語研究資料」(1900)[3] に綴った中学時代の教え子であり、伊波普猷が 1908 年に宮古島でアヤゴを教わったと『古琉球』(1911)[4] に書いた同窓生である。ネフスキーが真っ先に訪ねたのも当然であろう。

　富盛は中学卒業後、故郷で教壇に立ち、『郷土誌』(1910) を著した。ネフスキーが小樽赴任前、東恩納寛惇に借りた「先島地誌 4 種」の一種かもしれない。富盛はネフスキーにも多くのことを教えた。論文「月と不死 (二)」[5]、「(宮古の) 病気治療」[6]、また『方言ノート』の〔baka-miʒï 若水〕の項に情報源として富盛の名が記されている。

　港を見下ろす高台に、大蛇伝説と結びついた宮古島創生の神を祀る漲水御嶽がある。そのすぐ傍の「嘉手納旅館」で、ネフスキーは天気が回復するのを待ち続けた。先に本島以外の島を調査したいのだが海が荒れ続け、何日も定期船が出ない。彼は平良〔psara〕(宮古郡平良村) で聞き取りをすることにした。

　ネフスキーは当時の宮古島の言語状況について、〈現在、至る所に［小］学校があり、共通語が方言を同化し始め、公用語は日本語である。高齢者以外の大部分の人々は日本語を話せなくても理解する。若者は仲間との会話では土地の言葉より、もっと文化的な言葉で話したがる〉[7] と記している。沖縄の小学校では日露戦争後から全国統一の国定教科書が使用された。方言を話した生徒は「方言札」と書かれた木札を持たされ、方言を話す別の生徒を見つけて札を渡さなければならないという罰を与えられたこともあった。[8]

　その一方、彼は〈宮古を訪れた旅行者には宮古の言葉はチンプンカンプンである〉とも書いている。漲水港周辺を散策した佐藤惣之助も〈……那覇でうろ覚えに覚えた琉球語はもうここではほんとうに通じない。……私には全くの外国語のやうにかれ等のアクセントが聞えてくるので、たうとう会話が不可能に終つてしまつた〉と綴った。

　島民側も同様だったようで、ネフスキーは〈彼ら［島民］は当初、私の研究に懐疑的で、自分たちの言葉は日本人の言葉とも琉球人の言葉と

も何ら共通するものはないと主張した〉9)と記している。だが、彼は平気であった。〈鉛筆とノートを持つて田舎へ出掛けて行つて、お爺さんやお婆さんの昔話を在の儘に寫して来るんです…日本人は言葉と云ふときつとバラバラにした単語を集めて来て突出す。是では何にもなりません…土地の人の饒舌る通りを自分の標準語に直さずに筆記すればいゝんです、民族の研究にもなるし……〉10)。

　子供にも聞いた。〈平良で提灯を持って走ってる子供を見て、「お前は何方へ（か）」と聞いたら、「花嫁を出迎えに……」と答えられた……〉という会話を音声テキスト付きで記録している11)。

　このような方法は、よい耳と速記力を持ち、宮古方言を予習したネフスキーだから可能であった。折口信夫は〈……唯言葉の知識が乏しかったので、方言によらねばならないこみいった採集は非常に難渋した。……沖縄では、通訳として、小学校の先生や生徒を頼んで、老人に当たる事が多かった。問ふ者、答へる者、仲立ちの者の間に言語の理会が何時も円満にいかなくて、失敗を続けた〉12)と綴っている。その代わりか、折口は写真をたくさん撮った。

　ネフスキーは伊波普猷が〈宮古島の特徴を知ろうとする人はそのアーゴ［歌］を一瞥すべきである〉13)と推した歌を集めた。『方言ノート』に〔a:gu　歌〕、〔ajagu、a:gu ノ古語。綾語ノ意カ。歌〕、ロシア語で〔古文書に aja-gu 綾語（美しい模様のような言葉）〕。本稿ではネフスキーの日本語論文「アヤゴの研究」に沿い、基本的に「アヤゴ」を用いる。

　平良では老人フガシューから《根間の主（ニーマヌシュー）》を採録した。この年の１月、〈彼［上運天賢敷］は歌の続きを知らなかった〉と日記に書いたアヤゴである。また、本村朝亮（元平良村長・郷土史家）から数首の《トーガニ（即興歌）》を聞いた。『方言ノート』に〔to:gani 唐がね節　是ハ杯ニ酒ヲツギ人ニサシテ是非飲ンデクレト盃ヲサゝゲナガラ謡フ歌ナリ（Tajima）〕と情報源の田島利三郎の名を付して記されている。

63

## 3．ムナイ──サバニ

〈宮古諸島は宮古（ミャーク）、伊良部（イラヴ）と隣接する無人の下地（スィムジィ）、池間（イキマ）、来間（フフィマ）、大神（ウガム）、多良間、水納の7島から成る〉。論文「宮古の概要」[1]の冒頭である。普通、8島とするところを7島と数えた訳は後述（4章8）の手記で判明する。

　ネフスキーが最初に渡ろうとしたのは伊良部島。漲水（平良）港の目の前、4キロ程北に大きく横たわる。2015年に開通した伊良部大橋を車で行けば5分も掛からないが、大正・昭和の頃は発動機船で1時間余を要したという。

　平良に上陸して、すでに1週間以上過ぎた。だが、波は収まらず、日に1往復の定期船（小型発動機船）が出ない。イライラを募らせるネフスキー。その時、起こったことを彼は次のように書いている。〈私は日本語及び日本語と本質的に結ばれている琉球諸方言を研究する中で、幾度となく理解し難い概念、ロシア語にも私が知る他の言語にも対応しない概念に出会った。……その典型的な例は、1922年夏に宮古諸島で聞いたムナイという言葉である。最初は不意に海が荒れ、島々を結ぶ船の運航が止まった時、ムナイ - カジ（風）いう結合で聞いた……島民が言うには、数日前、伊良部島の佐良浜の漁師が溺れたので、ムナイして、佐良浜からムナイ - カジが吹くのだと……〉。論文「ムナイ」[2]の冒頭である（5章2）。

　8月5日も海は静まらず、ネフスキーは伊良部行を諦めかけたが、伊良部島から来ていた人がサバニ〔sabani 刳舟〕で渡してくれることになった。ネフスキーはサバニについて詳しく綴っている。〈サバニは1本の木をくり抜いた低く細幅の優美な船である。大島から八重山にいたる島の漁師には欠かせない。順風では帆を張り、矢の如く進む。これは最も安全な海の移動手段である。「転覆しないか」と問うと、「少しはね、だが沈みはしない。ひっくり返っても立て直し、また進む」と島民は口を揃えた。宮古の漁師はサバニで那覇まで行き、沖縄の漁師は大島

や鹿児島まで行く。遠出の時は普通 2、3 艘を繋ぐが、1 艘で行く命知らずもいる。方向転換の時の帆の上げ下げの早さには、いつも驚かされた。どんな車より早く鋭く回転するのだ。帆を下ろし、櫂で漕いで岸に近づく〉[3]。何度かサバニを体験したような口ぶりである。

　上陸したのは伊良部島南部の渡口港。港のすぐ傍に乗瀬御嶽がある。〈村の入口で男たちは帽子や鉢巻きをはずした。ネフスキーは初めてこの場所に来て未だ風習を知らなかった時、案内人から、ここは海の女神・タマミガ姫を祀る聖地だから帽子を脱ぐようにと言われた〉[4]。漁師と旅人を守るこの御嶽については「宮古島の結婚と祭礼」[5]（1924）に綴られた。


## 1.　伊良部島──国仲寛徒村長

　ネフスキーが上陸した伊良部島の南部は国仲〔フムナカ〕、伊良部〔イラヴ〕、仲地〔ナカツィ〕、長浜、佐和田〔サーダ〕の 5 字からなる。ネフスキーは〈5 字がすばらしい道に沿って配置されている〉[1] と綴っている。

　ネフスキーは国仲の伊良部村役場に行ったが、村長は既に帰宅していた。役場の人が彼を佐和田の村長宅まで案内する。馬上の金髪碧眼のネフスキーに〈村人たちは露西亜人を見んと沿道悉く人山をつくり、その光景筆舌に尽し難し〉[2]。

　村長・国仲寛徒（1873～1929）について、長男・山下邦雄（国仲寛栗）が著した『敬神家　國仲寛徒翁小傳』[3] を基に紹介しよう。国仲は佐和田に生まれ、ドイツ人ウィルトが首里の中学に現れる前年の 1896 年、沖縄県師範学校を卒業した。

　宮古に戻った国仲は、宮古島や伊良部島の小学校で教員や校長を務めた。彼は国の指針に忠実に従い、普通語教育を強力に推し進めた。家庭でも子供たちに方言を禁止する程の徹底ぶりであった。1908 年、初代伊良部村長となると、村の発展に尽力した。ネフスキーが〈すばらし

い道〉と褒めた「五カ里道」の建設もその一つである。

　『小傳』の副題が物語るように、国仲は敬神家として知られた。彼に影響を与えたのは、師範学校の国語教師で後に神主となった大宮兵馬といわれる。同じ頃、近くの尋常中学で田島利三郎が伊波普猷たちを教えていた。

　『小傳』に〈大正五年……各字の拝所を無格社村社に統一の理想を抱き村長自ら神事を行ふこととす〉という記述がある。これは前述（3章3）柳田国男が日記に綴った〈伊良部新神主　村長国仲寛徒自らのりとをよむ。村民帰服せず、数年にして之をやめ、今は又元のツカサ［司、祭主］[4]をして神を拝せしむ〉という一件と繋がる。

　皇民化教育と国家神道という国の指針を忠実かつ熱烈に守る国仲だが、ネフスキーにとっては〈興味深い民俗学的事実を少しずつ集めている村長〉[5]であった。『小傳』も1920年頃から〈民俗方言の採集舊慣拾録に努む〉〈食餌療法薬草学に熱中す〉と伝えている。

　国仲の人脈は広い。師範学校で国仲の一級下に比嘉 重 徳がいた。N文書には比嘉の「宮古の俗謡」（『宮古の研究』(1918)）の抜書き[6]がある。また、柳田国男の弟・松岡の家に寄宿し、柳田に宮古島について語った比嘉財定と、小樽高等商業学校勤務を経て平良市長となった石原雅太郎は、国仲の平良の小学校時代の教え子であった。さらに、1921年に那覇から宮古島に向かう船で柳田国男と出会い、後に柳田の南島談話会に加わった沖縄歴史研究者・比嘉 春 潮は、国仲の師範の教生時代の教え子である[7]。

　ネフスキーは様々な方面から国仲に関する情報を得ていた。伊良部に渡った目的の一つは国仲に会うことではなかったか。


## 5．村長夫人の歌——小学校のベッド

　ネフスキーは役場の人に案内され、佐和田の国仲寛徒の家を訪ねた。この日のことを、寛徒の日記を基に孫の寛力（穂水）が綴った「わが家

におけるネフスキー」[1] に沿って振り返ろう。

　国仲家の四畳半、竹製の小机の前に端座したネフスキーは流暢なヤマト言葉で挨拶した。〈余は露西亜人で、現在北海道で英語の教師を勤めるニコライ・ネフスキーなり。日露戦争当時は敵国人なるも、今はすべて忘れ、日本に来て勉強している〉。

　〈現在北海道で……〉とあるが、3月に小樽高等商業学校のロシア語教師を辞したネフスキーは大阪に居を移し、新設の大阪外国語学校の11月の開校を待っていた。また、〈日露戦争当時は…〉などと言っているが、当時、ネフスキーは未だ12歳。一方、当時、伊良部小学校長だった国仲は、あの騒動を鮮明に覚えていた。ロシアのバルチック艦隊が宮古沖を北上していることを漁師5人が通信施設のある石垣島まで約16時間、サバニを漕いで知らせたのである。映画や教科書、また菓子の名で語り継がれる「久松五勇士」である。

　ネフスキーは〈伊良部島には比較的古語が保存されているという話があるが〉と問い、国仲は〈……アーゴは悉く古語そのままなり……神がかりと云って神に仕える老婦人（神す人）が古語そのままの本音を語るも、現在午後十時にて、そのことについては明日集めたく思うが〉と答えた。結局、美声で知られる村長夫人が遠慮と恐怖に固まりつつ「石嶺のアコウ木（イスンミヌアカヲギー）」を歌った。〈一曲終りて、ネフスキー氏速記せしその歌の文句を朗読す。……その文句一言一句悉く正しかるに一同驚異の感に打たれたり〉。

　速記録は見つかっていないが、このアーゴ（アヤゴ）は人頭税の時代、島の女性を現地妻（旅妻）とすることが許されていた役人と、機知で身を守った佐和田の美しい機織女のやり取りを歌っている。

　〈夜は役場のある村の小学校［伊良部小学校］に泊ることになった。ベッドは机を並べ、筵を敷いたものである。用務員は喜んでネフスキーを迎えた。米飯と豆腐が出された後、村の役員や知識人が来た。一人は興味深い民俗学的事実を集めている村長・国仲寛徒である。ネフスキーは、いつものように、たちまち彼のために尽力してくれる人々を得た。彼は既に用意していた質問をした。平良で船を待った時に聞いた「ムナイ」

についてである〉2)。『ネフスキー伝』に書かれているこのシーンは、サバニで渡った8月5日の夜のことなのか疑問が生じる。村長宅でアーゴを聞いたのが午後10時、学校に集まったのは深夜になる。


## 6. 佐良浜──会えない神カカリャ

　国仲の日記。〈翌日［8月6日か］も天気晴朗なり。上席書記に命じて馬を用意し、佐良浜部落の神がかりの家へ出発す〉1)。
　背が高く、金髪で顎鬚を伸ばしたネフスキーと鍔広帽子を被った小柄で細身の国仲が、馬を並べて島の北部の佐良浜に向かう。馬は小型で頑丈な宮古の在来馬か。〈一里八丁［約5キロ］の小さな凸凹道はけわしい。佐良浜部落にさしかかるや、三海里を隔てて宮古本島が一望に展けて来る。その景色を眺めていたネフスキーは「美しい」と何べんとなく感嘆し……〉。北国のロシアや小樽で灰色の川や海ばかり見てきた彼の真情の吐露であろう。
　海を隔て、宮古島の北端に池間島〔ik'a:ma,ikima〕が見える。池間島は土地が狭く人口過密なので、島民は17世紀頃から佐良浜を耕地としたが、18世紀初頭に王府の命令で移住し、村を立てた。国仲によると〈伊良部島の北岸にある漁村佐良濱は五浬北方の池間島をホンムラと言ふてゐる。人口は佐良濱が四千もあつてずつと多いのだが人死すれば海を渡つてホンムラに葬ることにしてゐる〉2)。
　多忙な国仲は伊良部の役場に戻り、ネフスキーは書記に伴われて佐良浜の「神カカリャ」に会いに行った。『方言ノート』に〔kam-kakar'a［カムカカリャ］、神懸者、巫女。物知（munusï［ムヌスィ］）トモ神ノ人（kamnupʷïtu［カムヌピィトゥ］）トモイフ。迷信者ニ頼マレテ祈祷及神懸ヲ為シ作物ノ半分ヲ貰フ女ヲイフ。又病人ノ為ニ占ヲ為シ何某ノ死霊ガ見タリナド判断ヲナスコトアリ……佐和田ニハ……［4人の名前］ナドノ老婆アリシガ明治四十五年頃迄ニ死に［？？］ケリ【國仲】〕。
　文末の【國仲】は情報源が国仲寛徒であることを示す。国仲が暮らす

68

佐和田には、10年程前から神カカリャがいなかったことがわかる。

　神カカリャの老婆は留守ということであった。ネフスキーは〈私は佐良浜に短時間しかいなかったので、ズィーユミャ〔ʒï:jum'a 呪ヲ言フテ病気ヲ治する専門家〕の呪文を記録できなかった。カムカカリャには、どんな所でも会えなかった。現在、霊能者の活動は住民に迷信を根付かせるとして禁止され、警察の監視下にあるので、見知らぬオランダ〔西洋人〕を極端に避け、密かに続けている仕事をあくまで否定するのである〉と論文「（宮古の）病気治療」[3]に書いている。

　霊能者の活動は琉球国時代から金銭を取って人心を惑わすもの、また王府の祭政一致を乱すものとして何度も禁止令が出た。廃藩置県後は日本への同化や国家神道への一本化が進む中で取り締まりが強化された。

　ちなみにロシアにもズナーハリ（まじない治療師）やズナトーク（物知り、神秘的な分野に通じている人）がいた[4]。「ズナ」は動詞「ズナーチ（知る）」に由来する。かつてネフスキーは東北のオシラ神に関連して「知ん」といふ言葉をもとにして巫女（ユタ）の俗名として使ふ言葉は御座いませんか〉と東恩納寛惇に尋ねた（3章2）。


## 7．佐良浜の結婚――佐喜眞興英――シマ

　結婚の形態の研究は、シュテルンベルグ教授から伝授された民族学上の重要なプログラムの一つであった。ネフスキーは伊良部島の佐良浜で結婚式を見て、翌1923年2月、京都で「宮古島の結婚と祭礼」と題する講演を行い、その抄録が雑誌『地球』（1924）に発表されたという[1]。だが、抄録には宮古島の平良の婿側の親が申し出る結婚と、保良（ぼら）（城辺村（ぐすくべ））の「試し婚」が記され、佐良浜の結婚については書かれていない。

　一方、『ネフスキー伝』はネフスキーが記録した〈驚くべき佐良浜の自由結婚〉について次のようなことを伝えている。佐良浜の広場では毎

夕、若者が集まり、娘たちは踊り歌う。深夜、若者は娘たちが共に夜を過ごす家「トゥンカラヤ」に行き、見初めた娘が承諾すれば床を共にする。翌朝、若者が男子の「トゥンカラヤ」の仲間たちに吉報を知らせると、仲間たちは村中に触れ回る。これで結婚成立である。離婚は稀で、離婚すれば夫は嘲笑の的となる。「自由結婚」の風習は池間島に発し、池間島からの移住者が立てた佐良浜と宮古島の西原に伝わった[2]。

　さらにネフスキーは沖縄島の結婚の例に、裁判官で民俗学者の佐喜眞興英（1893〜1925）が故郷のシマ・新城について書いた『シマの話』（1925）[3] を引用した。シマといっても新城は那覇と陸続きである。佐喜眞は〈琉球語のシマには二義ある。一は島 (Island) の意、他は國の意である。……シマの語は学者間に知られたロシア語のミルに相當する様に思ふ。しかもシマが國又は村落共産体を意味する如く、ミルも亦世界又は村落共産体を意味するとの事であるから、両語はその心持迄一致して居るやうである〉と綴った。ネフスキーの『方言ノート』にも〔sïma［スィマ］島。村。國。世界。故郷。……мир［ミール］〕。

　佐喜眞は〈島の結合は極めて強固であった。……シマの語にはシマの人々でないと到底理解し得ない程神秘的な意味が含まれてゐた。……新城と野嵩は僅か五六町隔ててゐるけれども、言語にははっきりした特徴があった〉と記している。

　宮古諸島の「シマ」は、琉球国時代から明治末期まで続いた「人頭税」により、長く維持された。農民は土地に縛りつけられ、閉ざされたシマの中で方言は独自に分化し、発達したのである[4]。

　柳田国男は〈彼［ネフスキー］が宮古島から帰つてきた時の話によると、宮古島の言葉は、入り交りに何べんも移住したらしく、極端にいへば部落ごとにちがつてゐるといつてもよく、大体三つの系統にわけることができるといふ話であった〉[5] と記した。「三つの系統」を要約すると、第一は (R) 音を (Z) 音、つまり「アル」を「アズ」と発音とする系統、第二は (R) の代りに (L) と発音する系統、第三は沖縄のようにドロップ（落音）する内地に近い系統である。

　続けて柳田は〈この三つの入り交りがどうして出来たか。それから

その共存がどういふ風に出来たか。この点にネフスキーは大変興味を覚えて、二度も三度も宮古島ばかり行き、大変辛苦してノートをとつたのである〉。

ネフスキーの『方言ノート』に苦労して集めた「三つの系統」が記されている。例えば〔東　（平良）agaz、（佐和田）agal、（佐良浜）（西原）agai〕、〔西　（平良）i:z、（佐和田）i:l、（佐良浜）（西原）i:〕。

柳田は〈このことはよほど耳のよい人でないとじつは分からないのであつて、ネフスキーはそれが出来たのである。をかしなことに、耳が少し遠くてゐながら聞きわけ、そして仕分けが非常に上手であるといふ特長をもつてゐた〉と記している。

『方言ノート』で平良方言（Ps）3315語に続いて多いのは、佐和田方言（Sa）1677語、佐良浜方言（Saraha）588語である（概数）[6]。言語学者ネフスキーにとつて、小さな島の南北に異なる方言を保つ佐和田と佐良浜というシマがある伊良部島は、フィールドワークに最適の島であった。


## 8．不明な足取り－下地島

役場に戻った国仲寛徒村長は、後でネフスキーが佐良浜で神がかりの老婆に会えなかったことを聞き、日記（8月6日か）に〈折から潮の関係ありて船平良向け早発ちもあり、ネフスキー氏長く滞在できぬとのことなり。余は、ネフスキー氏に心ゆくまで古語（言語）の資料の提供に尽されぬことが残念で、断腸の思いなり。（余白）外国の人が見ず知らずの島に来て、同じ発音で言葉の通じることに余は益々言葉の有難さを感じたり〉[1]と綴った。

本当にネフスキーは早発ちの船で宮古島へ戻ったのか、伊良部島でもう1泊、あるいは2泊した、あるいは別の日、別の年にも伊良部島に渡ったのではないかという疑問が生じる。何故なら、伊良部島で採録した歌や風習が余りにも多いからである。南部では役場（国仲）や佐和田

でアヤゴやトーガニを複数採録し、北部の佐良浜では小学校で住民と民俗学的テーマで話し合い、前泊金吉から生まれた子供に起きたムナイについて聞き[2]、さらに結婚式も見たとされている。しかし、採録日が1922年8月6日と明記されたものはトーガニ1首で、その他は8月6日とだけ記されている。佐良浜で老人から聞いたアヤゴの日付は8月8日である。サバニ体験や、乗瀬御嶽の前を通ったのが何度かあったような記述も気になる。

　宮古島でのネフスキーの足取りが時として不明なのは、フィールドワークに忙しく、冬の日記のような詳細な記録を記す余裕がなかったのか。資料が日本とロシアに分散し、長く埋もれている間に混じり、散逸したのか。『ネフスキー伝』の次の記述も、何時の事かはっきりしない。〈……桟橋で荒れ狂う波に揺れる小型の定期船に、既に乗客が群がっていた。モーターが故障し、2時間程待たされたが、帆船を曳いて出航した。……半時間程して、子供が無く寂しく暮らす夫婦のシンボルとして伊良部島民の歌に語り継がれる二つの離れた岩「フタシバナリ」の側を通った。……遠くに目が眩むように美しい砂堆が見えた。伊良部への入口である。とうとう伊良部島と無人の下地島の間の狭い入江に入った。私たちロシア人は、こんなちっぽけな入江は川とさえ呼ばない。裸足で渡れる小川だ〉[3]。

　大河ヴォルガの畔で育ったネフスキーから見たら、小川で隔てられた下地島と伊良部島は一つの島である。だから〈宮古諸島は7島から成る〉と「宮古の概要」[4]に記したのだろう。

　続いて〈現在、下地島に人家は無く、草原と伊良部島の5字の住民の畑だけがある……［省略：下地島の「通り池」伝説。継子と間違え実子を池に突き落とした母の物語］……モーター船は伊良部島と下地島の間の入江に入った。船は暫く竿で動いたが、そのうち船底が砂にこすれ、止まった〉〈渡板を投げ入れたが岸に届かず、乗客たちは裾をからげて水中を歩いた。私も長靴を脱ごうとしたが、船頭の一人が岸まで背負ってやろうと言うのでお願いした。海岸は平良では見たことのない細かい白砂で覆われていた。あちこちにある深く丸い穴は、足の速い美しいカニの住処である。

子供たちは、大人の腕程の深さの穴に隠れているカニを引っ張り出して
遊ぶのが好きである〉。

　1975年に渡口浜を訪れた加藤九祚氏は〈今は廃港になっていて、真っ
白な浜辺が見事な弓形を描いて、波だけが昔と変りなく白く打ち寄せて
いた……〉と伝記『天の蛇』に綴った。今は海に突き出たコンクリート
の塊だけが港のあったことを物語り、弓形の浜辺の遠くにはモダンなホ
テルが立ち並び、上空を下地島と本土を結ぶ民間機が飛んでいる。


## 9．狩俣──《根間の主》のアヤゴ

　伊良部島から宮古島へ戻ったネフスキーは、ニスィ〔nisï〕、つまり
北に向かった。目指すは13キロ程先の狩俣〔kazmata 平良村ノ一人字〕。
今は平良の中心から車なら20分位で行ける。ネフスキーは県道、といっ
ても凸凹道だったようだが、馬で行ったのだろう。

　狩俣では8月13日、アヤゴ《根間の主》を採録した。根間は地名、
主は『方言ノート』に〔島ノ人ガ士族ニ su:ト云フ〕。ネフスキーは、
根間の主は平家の落ち武者で、狩俣に逃げ延び、城を築いたという伝説
や、狩俣の南方の根間という畑地には石垣が散在し、昔の面影を残して
いることを記している。以下は《根間の主》の音声テキスト[1]とネフ
スキー自身の日本語訳（「根間の主がアヤゴ」の「二．狩俣の歌」）[2]で
ある。


1　ニーマヌシューガ（ユ）　ヌーラ　ミウリ　シューヌマイガ　ヌー
　　ラ　ミューリ
2　フニガマドゥ　ヤリャーマイ　ミスガマドゥ　ヤリャーマイ
3　イディガ　カズィ　パルダティ　ヌユイガ　カズィ　サキダティ
4　イキマザキィ　マーイバナ　パナリザキィ　マーイバナ
5　アウギィ　トゥリ　マヌキュサ　カナミ　トゥリ　マヌキュサ
6　ウプドゥーユ　イキィバナ　トゥーナカ　ピャーイバナ

7　アミガマヌ　フラバン　カズィガマヌ　ウサバン
8　ウリュー　アミ　チュムーナ　ウリュー　カジ　チュムーナ
9　バ<u>ム</u>　ミナダ　チュムユリ　ミガ　ウプキィ　チュムユリ


1　根間の主のヨ乗られる御船　主御前の乗られる御船
2　小船ではあるけれども　小艘ではあるけれども
3　出る度に春立て船（の様な立派なもの）　乗る度に先立て船（の様な立派なもの）
4　池間崎を廻る時　離崎を廻る時
5　扇を取つて招き送らう　要（カナメ）を取つて招き送らう
6　大海原を行く時　沖の真中を走る時
7　小雨が降り出したら　小風が吹き出したら
8　それを雨と思ふな　それを風と思ふな
9　わが身の涙と思つて呉れ　目娥（メガ）の大息（タメイキ）と思つて呉れ


　これは沖縄島に旅立つ根間の主を見送るメガの思いを歌ったアヤゴである。ネフスキーは訳註に〈目娥や免嘉の字を当てゝ書く mi:ga は、宮古群島に一番多い女名であるが、アヤゴには一般に女とか女性とかの意味になつて、アヤゴの女は大概自分の事をも mi:ga といふ〉〈此アヤゴは恋歌であるせいか、他のアヤゴに比較すれば歌はれてゐる範囲が広く、宮古群嶋の中では、此アヤゴを歌はない村が殆どないと云つてもいゝ位である〉。
　ネフスキーは既に上運天賢敷と平良の老人フガシューから同題のアヤゴを聞いている。三つ目となる上記のアヤゴは、当時 38 歳の狩俣吉蔵（きちぞう）から聞き取った。それから約 100 年後の 2019 年 6 月、ハーリー（航海安全や豊漁を祈願する競漕行事）で賑わう狩俣で、私は吉蔵の孫で郷土研究家の狩俣吉正氏（69 歳）に話を伺った。
　吉蔵は 1884（明治 17）年、平良から狩俣に赴任した役人と狩俣のマアドとの間に生まれた。マアドは現地妻（旅妻）の身であったが、吉蔵を士族のプライドを持つ学問好きの少年に育てた。平良に帰った父親も、

盆正月に平良に来る息子に歴史や歌謡を教えた。日露戦争終結の翌年、吉蔵はマツと結婚し、字のリーダーとして活躍する一方、郷土の習俗や古謡を集めた。マアドからウヤーン（神女）[3]を継いだマツにフサ（神歌）を教えて欲しいと頼み、ひどく怒られたこともある。フサは人に教えてはいけないのである。それでも吉蔵はウヤーン（祖神祭）[3]の時、石垣や木陰に隠れてフサを聞き、暗記した。

　ネフスキーに吉蔵を紹介したのは上運天賢敷と言われているが、狩俣小学校長の下地寛良が案内したと狩俣小学校の校誌[4]に記されている。ちなみに校誌の1922年度卒業者名簿では、女子20人中8人がミガであった。

　翌14日、ネフスキーは西原に行った。〔niśibaru　平良村ノ一字ナリ。西村トモ云フ。明治七年池間島ヨリ移住セシモノニシテ水泳ニ長ジ漁業盛ナリ。言語ハ池間島ト佐良浜村ト同ジト云ソ〕。ここで本村恵康から四つ目の《根間の主》を聞いた。狩俣版の2倍以上の長さである。

　14日（年度不明）、大浦〔upara〕で老人から《神の同情を乞う歌》を聞いた。アヤゴに登場する「大浦の唐の按司」は、中国から戦乱を逃れてこの地に渡り、村を立てた。村は滅びたが、按司はアヤゴで語り継がれている。宮古島は大和からだけでなく中国から逃げてきた人々が辿り着いた島でもあった。


## 10. 池間島──四シマ

　狩俣の突端に立つと、目の前、北西約1.4キロ先に池間島が見える。ネフスキーが伊良部島の佐良浜から眺めた島、国仲寛徒が「佐良浜のホンムラ」と呼んだ島である。大正初期からカツオ漁で賑わう池間島と平良の間には発動機船が通っていた。今は狩俣から池間大橋であっという間に渡れる。では、ネフスキーは渡ったのか。

　3回目の旅（1928年8月）の記録からの引用と思われる記述に〈彼は宮古島に着いた翌日、池間島の人から伝説を聞き書きした〉[1]とある。

池間島で聞いたとは書かれていない（7章1）。

　ところが、論文「神酒<sup>2)</sup>」に〈池間島で、ある家に土産の酒を持って行くと、その家の主婦は、まず小さな盃（日本風）に酒を注ぎ、やはり歌うようなリズミカルな調子で私に礼を言い、神々に祈りながら神棚に盃を供えた。それから二つ目の盃に注いで自分が飲み、三番目に漸く夫に酒を注ぎ、男性たちに酒瓶を渡した〉と書かれている。年月日は不明だが、ネフスキーは池間島に渡ったのである。

　池間島のさらに北には巨大な珊瑚礁「八重干瀬」が広がる。現在は人気の観光スポットだが、かつては宮古島から沖縄島へ渡る航海者にとって危険スポットであった。《旅の無事息災を祈る歌》には、航海者が海標として頼った大小の珊瑚礁が姉弟神として歌われている。

　池間島と狩俣、狩俣の東隣の島尻〔sïmaʒï〕そして大神島〔ugam〕は四シマと呼ばれた。佐喜眞興英が『シマの話』に書いたように、「シマ」は言葉や風習、制度などを同じくして、強固に結ばれた人々の共同体・村落である。

　ネフスキーは、16世紀に4つのシマを治めた《四島の主》を採録した。〈如何なるわけで役人になったのか。……墨で、筆で役人になった〉と歌われているように、力ではなく才で身を立てた実在の人物である。木が少ない宮古島から八重山に渡り、船を造ったことも歌われている。

　島尻では5人の女性から《或るお嫁のアヤゴ》を採録した。当時、島尻に広大な畑を所有していた平良村議会議員・兼島方茂がネフスキーに馬を貸し、同行したという話が伝わっている<sup>3)</sup>。島尻は2018年、ユネスコ無形文化遺産に登録されたパーントゥの祭で知られる。『方言ノート』に〔pa:ntu　1）假面　2）醜い面〕と記されているが、祭は旧暦9月に行われるので、ネフスキーは観ていないだろう。

　大神島は〔平良村字狩俣ノ北方二海里［四キロ］バカリノ海中ニアル小島ナリ。元狩俣ノ付属ナリシガ、明治三十年分離シタリ〕。狩俣小学校誌<sup>4)</sup>によると、当時、大神の生徒は月曜日にサバニで狩俣に来て下宿し、週末に帰宅した。ネフスキーもサバニで渡った可能性はあるが、記録は見つかっていない。現在でも足を踏み入れることができない聖域が多い島

に、オランダ［西洋人］が足を踏み入れるのは難しかったと思われる。


## 11. 多良間島──エーグ──《正月の歌》

　宮古島の南西約67キロ、八重山諸島の石垣島の北東約35キロ、つまり宮古より八重山寄りに、珊瑚礁に囲まれた楕円形の多良間島が浮かぶ。今は宮古島からフェリーで2時間、飛行機ならば25分で行ける（波が荒い冬季は飛行機が勧められる）。大正末期は平良と八重山間を往復する発動機船が多良間に寄港していた。だが、ネフスキーは先島の交通事情について〈船は天気のわずかな変化でも出航しない。最も難儀なのは八重山と宮古の中間にある多良間島で、1カ月以上も船を見ないことがある〉[1)]と綴り、〈孫は多良間島の様に遠い〉[2)]という意味深長な諺を記している。

　それでもネフスキーは渡った。それが1回目の旅だったことは、1922年夏に平良村で聞いた話と似た伝説を、「同年」多良間島でも聞いたという「月と不死（二）」の記述[3)]からわかる。この伝説は『方言ノート』に記録された。〔baka-miзï［バカミズィ］（平良）（多良間）若水。變若水。節祭（śicï）ノ日ニ朝早ク井戸カラ水ヲ汲ンデ来テ家内中之ヲ浴ビル習慣ガアル……（平良村ノ富盛寛卓氏ノ話）。多良間ニモ同様ノ話ガアル……（多良間島、垣花　春　綱氏ヨリ聞イタ話）〕。

　多良間島は小さな島であるが、ネフスキーは宮古島との距離が生んだ方言や風習の違いに関心を抱き、多くを記録している。『方言ノート』の多良間方言（Ta）の約390語は、平良、佐和田、佐良浜の方言に続いて多い。次のような記述もある。〔maзïmunuffamur'a「化物ノ子守」ノ意。虫ノ名。上運天賢敷君ノ話ニ依ルト此ノ語ハ平良ニテ蝶々ノ意味ニ使用サレル。徳山清定ノ話ニテハ多良間ニテ此ノ蟲ハ蝶々デハナクシテ瓢蟲（テントウムシ）ダト〕。

　また、「虹」は平良で〔tim-bav［ティ厶バヴ］〕だが、多良間では日本語と同系の〔nu:зï［ヌーズィ］〕、「蛇」は平良で〔pav［パヴ］〕だが多良間島では〔po:［ポー］〕であることが、論文「天の蛇としての虹の観念」[4)]に

記されている。

　宮古島の〔ajagu〔アヤグ〕、a:gu〔アーグ〕〕は多良間島で〔ε:gu〔エーグ〕〕
である。ネフスキーは多くのエーグを採録した。《ブナガマの歌》は、
平良から来た役人の子供を産んだ娘を妬む歌である。現地妻（旅妻）は
哀れだが、人頭税の免除など様々な特権があったので羨まれもしたので
ある。強い女性もいた。《安谷屋の按司》は、山を拓き、鷲の羽で葺い
た屋根の立派な家を造った女性の按司（支配者）を歌っている。別れた男
女の会話を歌った《カムナタナドゥルヌ　エーグ》もある。

　ネフスキーは垣花さんから聞いた《正月の歌》に、八重山の「鷲の歌」
のモチーフを見い出した。「鷲」はネフスキーをさらなる宮古への旅に
誘うことになる（6章4）。

　エーグの採録日は8月15日と16日（年度不記載）と記されている。
8月14日に宮古島の西原で採録しているから、多良間行の船は余程ス
ムーズに運行したのだろう。上陸の際、船から小舟で浅瀬まで行き、多
良間の人におぶわれて砂浜に着くや「ガンジューシワールンナー（お元
気ですか）」と多良間方言で挨拶したというエピソードが伝わっている[5]。
15日の夜は、どこに泊ったのだろうか。


## 12.　多良間の八月踊──組踊

　多良間島は仲筋と塩川の2字から成る。ネフスキーは仲筋で《ムタ
バル・トゥユミャについて》を聞いた。15世紀末に多良間を統一した
土原豊見親の聡明な少年時代の物語である。

　両集落の拝所で催される「八月踊り」は有名で、今では全国から観
光客が押し寄せる。旧暦8月に催されるのでネフスキーは観ていない
だろう。だが、祭は遊びなどと同様、彼にとって重要な調査対象であり、
多くのことを記している。

　『方言ノート』に〔pac'ugacï-budul〔パチュガツィ - ブドゥリ〕（多良間）八
月踊〕、〔pïtumata-ugam〔ピィトゥマタ - ウガム〕拝所〔塩川〕の名。八月踊

で出演者は鎧を着て、刀を持って踊る〕。また、多良間の助役・渡久山から聞いたエーグ《多良間で豊作になったら》に、〈皆納祝〔kainó:jo:z［カイノーヨーイ］〕の祭で八月踊の上演の際に……〉と、踊りの仕草や酒を飲む場面で用いる角皿などについて詳しく説明している。

　このエーグには〈御主への貢物を納め、残りの粟から酒を造り、七夜も八日も酒を注ごう……〉という一節がある。佐良浜の《エィ、豊作の神！》、平良の《大豊作の歌》にも似た一節がある。宮古各地で苛酷な粟の税を完納した喜びを爆発させ、幾日も酒宴を続けたのだろう。〈島の人［平民］は士族の食べ物としてだけ生まれる〉[1]という諺も人頭税の無慈悲さを伝えている。

　八月踊では、古語の台詞の戯曲に音楽と舞踊を組み入れた「組踊」が演じられる。組踊については『沖縄風俗図絵』(1896)が挿画入りで紹介し、田島利三郎が「琉球語研究資料」(1900)に首里城で冊封使を歓待するために玉城朝薫(1684〜1734)が創ったものであることなどを詳しく記し、伊波普猷も『古琉球』(1911)に「琉球の国劇」を寄せている。

　ネフスキーは東恩納寛惇に〈私は此頃琉球の組踊を露西亜へ紹介しようと思つて「手水の縁」を訳して居ります。……右の組踊の著者は平敷屋朝敏だそうです。本当でせうか。若し著者の伝記を御存知でしたら知らせて下さいませんか……〉と手紙[2]を送った。日付は不明だが、眞境名安興(1875〜1933)の『沖縄一千年史』(1923)について言及していることから、1回目の旅以降に送ったのだろう。眞境名は、かつて伊波と共に沖縄尋常中学のストライキ事件のリーダーとして退学させられた生徒の一人である。

　平敷屋朝敏(1700〜1734)については、田島利三郎が〈和文家には平敷屋朝敏の如きあり、始めて琉球に芝居を起しきといふ〉[3]と綴っている。朝敏は政治事件に巻き込まれて死罪となった。息子の一人は多良間島に流刑にされ、もう一人の息子は隣の水納島に流されたが、後に多良間島に移された。今も多良間島の「里之子墓」には平敷屋一族が眠っている。絶海の孤島、多良間と水納は流刑の島でもあった。

## 13. 水納島──百合若大臣

　多良間島から水納島が見える。『方言ノート』に〔minna 水納。多良間島ノ西北二海里許リ［8キロ］ニアル島ノ名。周囲ハ一里余リ。人民ハ主ニ漁業ヲ営ム。此ノ島ニハ多良間尋常小学校水納分教場アリ……〕。

　村誌『たらま島』[1]によると、多良間と水納間は1970年代までサバニ（刳船）で40分程かけて往来していた。ネフスキーが渡った記録は見つかっていない。

　『方言ノート』には続けて〔……口碑ニ依レバ往古　百合若大臣 juri-waka-daiʒïŋ［ユリワカ-ダイズィン］ト云フ人ガ鹿児島ヘ帰ツテカラ臣下ヲ分ケテ水納島ヘ追ッタ。其ノ時カラ水納ガ段々ト盛ンニナッタト〕。

　「百合若大臣」については、宮古島から石垣島に行く船から水納を眺めた柳田国男も『海南小記』に〈豊後［大分］は舞の本の、百合若大臣の故郷ということになっている……雲海遠く隔たった宮古の水納島にも、ほぼ同じような大和人の漂流談があって、これは百合若とはいっておらぬ。硯を負うて流れ着いた鷹の墓は、後世一つの霊場となっていた〉と綴った。

　一方、村誌は『宮古島旧記』に記された水納の古い石碑「鷹塚」にまつわる百合若大臣の話を伝えている。水納島に漂着した大和人が、秋に飛んできた鷹の群れに故郷で飼っていた鷹を見つけた。彼は筆と硯の二字を書いた袋を羽にかけて放った。鷹は筆と硯を袋に入れて再び水納島に飛んできたが、長い飛行の疲れで死んでしまった。大和人は鷹の墓をつくって弔ったという話である。

　また、村誌は別の話も伝えている。百合若大臣が寝込んでいる間に家臣たちが故郷へ帰ってしまったという話で、以来、島では寝坊者を「ゆいあかでーず」と呼ぶようになったという。伝説とは、こういうものなのだろう。このように、北九州を中心に各地に残る百合若伝説は少しずつ異なる。共通点は主人公が漂着した大和人であり、多くの場合、鷹が登場する。

　『方言ノート』は百合若大臣の伝説の他、〔kaku（水納）舵子。水夫（日本) kako〕〔ummā（多良間、水納）御祖母様。オ婆様〕など水納方言（Minna）約40語を伝えている。

　水納島は台風や旱魃に悩まされ続けた。1961年に政府の政策により住民の大部分が宮古島に移住し、7世帯が残った[2]。2022年現在、1世帯が主に養牛で暮らしているという。

【第4章　注】

## 1．1回目の宮古調査旅行──折口信夫宛の絵葉書
1）⒂
2）⑽①148頁
3）田中水絵所蔵（古書店で入手）
4）旧暦1月20日の二十日正月に行われる辻遊郭の豊年祈願と商売繁盛の祈願祭（参考：『沖縄大百科事典』）
5）⑸②p.283

## 2．富盛寛卓──採録の方法
1）⑴②　解説343頁
2）⑽①149頁
3）『国光』（⒀②236頁）
4）⒁「可憐なる八重山乙女」
5）⑶⑨
6）⑸④
7）⑸②p.284
8）参考：『沖縄大百科事典』
9）⑸②p.283
10）石黒魯平「音声尊重と言霊愛護」『民族』第2巻第2号、1927年（吉町義雄「Polivanov 日本方言学資料」『北狄和語考』笠間書院、1977年）
11）⑶②　註
12）折口信夫「地方に居て試みた民俗研究の方法」柳田国男編『日本民俗学研究』26～27頁
13）⒁「可憐なる八重山乙女」

## 3．ムナイ──サバニ
1）⑸②p.282
2）⑷①
3）⑾p.99～100
4）⑾p.112
5）『地球』第1巻第3号、1924年（⑽①161～166頁）

## 4．伊良部島──国仲寛徒村長
1）⑾p.101
2）⒄（⑽154頁）
3）⒃
4）『方言ノート』に〔cïkasa［ツィカサ］司。祭主。字人民團体的ノ祈祷ハ cïkasa 之ヲ統ベタリト。cïkasa トハ巫女ノ中ヨリ抽籤シ

テ選挙［?］セシ祭主ナリ。cïkasa ノ部下ニ之ヲ補佐スル大婆婢
（uk'umma）一二名ヲ置キタリ。〖國仲〗〕
5）⑪ p.102
6）⑺ 宮古 208
7）⑯

## 5．村長夫人の歌──小学校のベッド
1）⑰（⑩①152 〜 156 頁）
2）⑪ p.101 〜 102

## 6．佐良浜──会えない神カカリャ
1）⑰（⑩①157 頁）
2）国仲寛徒「人倫に関する宮古方言」『方言』第 2 巻第 4 号、1932 年、163 頁
3）⑸④、参考：付録 1、田中水絵　論文①
4）参考：ワシーリー・ベローフ『なろうど 21』1990 年

## 7　佐良浜の結婚──佐喜眞興英──シマ
1）（⑩）①161 〜 166 頁
2）⑪ p.104 〜 108
3）炉辺叢書、郷土研究社、1925 年
4）参考：狩俣繁久「琉球宮古諸方言の音韻」1993 年、2 頁、18 頁
5）『故郷七十年』（⑩①309 〜 310 頁）
6）参考：下地和宏「「宮古方言ノート」七〇〇〇余収録」『宮古郷土史研究会会報』№ 250、2022 年 5 月

## 8．不明な足取り──下地島
1）⑰（⑩①158 頁）
2）⑪ p.103
3）⑪ p.100 〜 101
4）⑸② p.282

## 9．狩俣──《根間の主》のアヤゴ
1）⑴②47 〜 48 頁、平仮名を片仮名に、片仮名を平仮名表記に変換
2）⑶③「アヤゴの研究二篇」
3）祖神、祖神祭。祖神女、祖神衣をそれぞれウヤーンと言う。参考：奥濱幸子『祖神物語　琉球弧　宮古島　狩俣　魂の世界』出版社 Mugen、2016 年、133 頁
4）『百年誌』狩俣小学校創立百周年記念事業期成会、1988 年

## 10．池間島──四シマ
1）⑴②353 〜 354 頁
2）⑷②、参考：付録 2

3）宮古研究者・本村清氏談。兼島方茂の孫・兼島信雄氏が、父親・
　　　方信氏から聞いた話
　　4）『百年誌』狩俣小学校創立百周年記念事業期成会、1988 年

## 11．多良間島──エーグ──《正月の歌》
　1）⑸②p.283
　2）⑴②　316 頁
　3）⑶⑨
　4）⑸③
　5）『宮古の自然と文化第 2 集』宮古の自然と文化を考える会、ボーダー
　　　インク、2008 年、155 頁

## 12．多良間の八月踊──組踊
　1）⑴②316 頁
　2）『研究余滴』第 113 号、球陽研究会（⑩①180 頁）
　3）「混効験集」（⒀②95 頁）

## 13．水納島──百合若大臣
　1）村誌『たらま島《孤島の民俗と歴史》』多良間村誌編集委員会、
　　　1973 年

　2）同上・村誌

# 第5章　1922（大正11）年・秋〜1926（昭和元）年

## 1．沖縄図書館──伊波普猷──田島利三郎「宮古島の歌」

　〈約3週間の宮古の旅を終えたネフスキーは、那覇の沖縄図書館で館長・伊波普猷と会った〉と『ネフスキー伝』は伝えている[1]。伊波は1925年に東京へ転居したので、二人が図書館で会ったのは1922年夏だろう。ただ、那覇で宮古行きの船を待った数日間にも会えたのではないか、伊波は不在だったのか、など疑問が生じる。いずれにせよ、ネフスキーは帰国を断念した1917年頃に読み、大きな影響を受けた『古琉球』(1911)の著者に会うことができたのである。

　伊波も〈……二三年この方学者や芸術家の琉球を訪問するのが頻繁になったね。ことに柳田国男氏が琉球諸島を探検して帰って、南島を研究しなければ日本の古い事が解けないと吹聴されて以来、琉球研究熱は一層高まった気がするよ。ロシアの若い言語学者のネフスキー君も宮古島へ渡って日本の古語を沢山探して来た…〉[2]と綴った。

　図書館では、もう一つの出会いがあった。田島利三郎が著した上下巻からなる「宮古島の歌」である。ネフスキーはアヤゴ《根間の主》に〈この歌を最初に記録したのは田島利三郎である。彼は日清戦争の頃に宮古島にしばらく滞在し、大量のアーグを集めた。未だに公刊されていないそれらの資料は、那覇の沖縄県立図書館に保存されていた〉[3]と注記している。

　「宮古島の歌」は、『宮古島旧記』から書写した9首、田島自身が採録した116首など計149首のアヤゴやトーガニに説明を付したものから成る[4]。伊波普猷は〈とにかくこれらのアヤゴの保存されたお蔭で、二百年否四百年も遡って、宮古方言を歴史的に研究し得る事は、東語を除いての内地方言では、絶えて見られないと言ってよかろう〉[5]と記した。

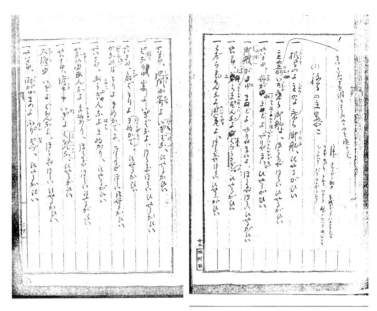

田島利三郎「宮古島の歌」の「根間の主」(琉球大学図書館所蔵)

　田島の宮古研究資料はネフスキーの宮古研究の基盤となった。論文「アヤゴの研究」(1926)[6]の註の説明の多くに「宮古島の歌」が引用された。〈田島利三郎記　ネフスキー訳〉と記されたアヤゴの草稿[7]もある。論文「ムナイ」[8]や「神酒(みき)」[9]にも引用された。N 文書にも「田島の本の抜書き」[10]がある。『方言ノート』の情報源を示す「Tajima」は約 130 に及ぶ。

　ネフスキーと伊波の交流は続いた。1924 年には伊波、夫人、女友達とネフスキーの 4 人で京都を旅した[11]。伊波も〈昨年の秋、ネフスキー君の大阪の寓居に四五日御厄介になった時、……ネフスキー君は親しく私の発音を試験した後、それに相違ないと、裏書きしてくれた。……〉[12]と綴った。また、大阪外国語学校の同僚オレスト・プレトネルは〈琉球の伊波先生とネフスキーとが一緒で、私もよく音声学上の相談をうけたものです〉と回想している[13]。

## 2．吹き続けたムナイ風──同志・宮良當壮

　ネフスキーが宮古島を去った翌9月、大暴風が宮古島を襲った。多
くの死傷者が出て、ネフスキーが泊った伊良部島の小学校が全壊した。
　ネフスキーの頭の中でも、「ムナイ風」が吹き続けていた。八重山研
究の宮良當壮の10月1日の日記[1]。〈ネフスキー氏よりmunu-aiにつ
いて尋ね来る〉。
　一方、ネフスキーは〈ムナイは八重山ではムヌアイと言う……友人
の宮良當壮の1922年10月1日付の手紙によると、八重山のムヌアイ
という言葉はムヌとアイの混合である……ムヌは「物」ではなく「魂、心」、
アイは「言い合い、喧嘩」の意である。森で軽い怪我をして悪化したら、
それはムナイである〉と、論文「ムナイ」[2]に書いている。宮良はネフ
スキーの手紙を受け取ったその日に返信したのである。
　論文には宮古諸島で集めたムナイの例が列挙されている。最初は伊
良部島行の船を待っていた時に聞いた「ムナイ - カジ（風）」という言
葉で、それは佐良浜の漁師が溺死したので起きたと説明されたことが記
されている。また、ムナイは出産時の「タブー」に関わるものが多いと
して、妻の妊娠中に夫が左足に怪我をしたら、生まれた子供の左足に同
じような傷があったという佐良浜で聞いた話も綴られている。
　《内根間のカナガマ》のロシア語訳も記された。美しい娘カナが毎夜、
豚のようにうろつき回るのは、出産の時は海で2匹の白い蟹を捕り、
1匹の汁を妊産婦に与え、1匹を家の下に放たなければならぬのに、カ
ナが生まれる時は豚を殺したのでムナイしたというアヤゴである。ネフ
スキーは〈このアヤゴは日清戦争の頃、田島利三郎が採録した。仮名で
書かれた歌謡集「宮古島の歌」は那覇の図書館に保存されている〉と記
している。
　さらにネフスキーは、家を建て終わるや否や支柱が倒れてしまった
現象をムナイという多良間の例や、レモンを食べる人を見た者が口をす
ぼめる現象をムナイという例などを挙げ、このような「ムナイ」を「前

論理的思考」「前後即因果の誤謬」「条件反射」などと説明する外国の学説や学者の名を記した。

　また『混効験集』『おもろさうし』『源氏物語』『万葉集辞典』を引用し、「ムナイ」を言語学と民族学の両面から論考した。

　そして、宮良の手紙の「ムヌアイ」の情報を基に、琉球諸方言や日本語の「物」には「物質」だけではなく、非物質的な本質、〔物の精〕の意味もあるとして、「キジムン」「マジムン」「物憑き」などの例を挙げた。宮良の「八重山諸島物語」（『人類学雑誌』1921 年）に記された出産にまつわる「ムヌアイ」も引用されている。

　『宮古方言ノート』に〔munai 悪霊の感応作用、（八重山）munu-ai、（日本古典）ae-mono、（琉球、『混効験集』）ai-ku、（琉球）'ie:kω〕。

　ネフスキーと宮良は研究上の同志であった。宮良は八重山に関する知識を与えた。ネフスキーの『方言ノート』の表紙裏には、宮良の論文名「我が古代語と琉球語との比較」(1925)[3] が大きく書き込まれている。また、「アヤゴの研究」(1926) に〈この註の中へ引用した八重山石垣島の言語は大方宮良當壮君の著書中から引抜いたもので、今同君に感謝の意を表して置く〉[4]と記されている。

　ネフスキーは言語学に関することを教えた。宮良は〈万国音標文字［国際音声記号］の採用に就いてはプレトネル氏、ネフスキー氏等に諮る所があった〉[5]と書いている。ネフスキーは 1888 年に制定された国際音声記号を大学時代に学んだ。日本では 1920 年に英語学者により「万国音標文字」という小冊子で紹介されたが、一般人の使用には困難で学者用のものと見做された [6]。宮良は 1923 年 6 月 29 日、日記に〈「八重山語研究」の校正をしに行った。活字がないために間に合せ策を講じたが矢張り甘く行かないので、結局新たに ɲ と ŋ の活字を作らせることにした〉と記している。

　ネフスキーは〈理解し難い概念〉の「ムナイ」に手こずったのか、論文を書いたのはソ連に帰国した後であった。

## 3．ティム̲バヴ——口頭発表「天の蛇としての虹の観念」

　1922年10月、ネフスキーは宮古旅行の成果として初の発表「天の蛇としての虹の観念」[1]を口頭で行った。〈本年8月に沖縄県（琉球）宮古諸島を訪れた私を非常に驚かせ、興味を抱かせたのは、島民の大部分が虹を呼ぶ時の　timbav（tin「天」＋pav「蛇」）「天の蛇」という言葉である。ヨーロッパ人は虹を弓やアーチなどに例える習慣があるので、このような観念を大変奇異に感じるが、私からティム̲バヴの意味を聞いた日本人にも、このような同一視は不可解のようであった〉。

　この一節を中心に、彼は宮古諸島で採録した資料や『万葉集』などの日本の古文献、また、J. フレイザーの著書など諸外国の文献を駆使し、民族学と言語学の両面から「虹」を考察した。

　民族学の面では〈天の蛇としての虹の観念は、宮古島民だけではなく、世界の諸民族に広まっている。これは、あらゆる自然現象を地上の生き物と見るアニミズムの名残である〉と、インドやマレー半島、オーストラリア北部の民族などの例を挙げた。

　また、『日本紀』(720)に同様な観念を見出し、同書では虹を nwśi［ヌシ］、nwзi［ヌジ］と読むことから言語学的考察に移る。宮古諸島でも多良間方言は日本語方言と同系の nu:зï［ヌーズィ］、狩俣方言は o:na:зï［オーナズィ］であり、o:na:зï は他の地域では青蛇（青大将）を指し、o:［オー］は「青」に対応する。さらに、「川の主」などの nwśi［ヌシ］は蛇で、nwзi［ヌジ］／nu:зï［ヌーズィ］の語源は　no［ノ］/nu［ヌ］「野」＋wзi［ウジ］/uзï［ウズィ］「蛆虫」である。後半に〈虹を示す基本的な言葉が失われた平良では、虹を蛇と見る原初の観念は nu:зï［ヌーズィ］の日常語への言い換えに他ならない timbav［ティム̲バヴ］に保存された〉。

　文末は〈私は専門的な一般言語学の知識に欠け、言語学者とは言えない……〉と謙遜し、〈……私の目的は言語学的なものではない。かつて日本に天の蛇としての虹の観念があり、その観念は地球上に広まり、「大八洲国［日本］」の人々と祖先を同じくすることが疑いのない宮古島の人々

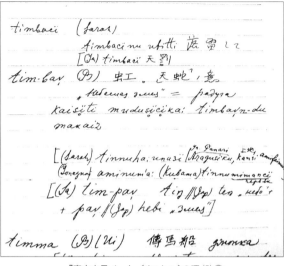

『宮古方言ノート』〔tim-bav〕の項 (2) ②

の間に、今も生きていることを証明したかっただけである〉と結ばれる。12年後、ネフスキーは同題の論文[2]を発表するが、変化が見られる（8章2）。

　『方言ノート』の〔pav 蛇〕には多良間の〔po:〕など宮古諸島各地の方言や八重山、大阪、京都の方言、また〔tim-bav　虹。「天蛇」ノ意〕にも宮古各地や与那国などの方言が記されている。この言葉へのネフスキーのこだわりが伺われる。

　この論文の発表後にネフスキーが移り住んだ大阪の家の庭には蛇が出没した。彼は「縁起が良い」と蛇を愛で、脱殻を財布に入れ、蛇皮のステッキを愛用した[3]。


## 4．虹――ライバル・宮良當壮

　八重山研究者・宮良當壮の1924年3月28日の日記[1]。〈金田一［京

助］氏を訪ふ。ネフスキー氏在り。久しぶりに対談し、大いに得る所ありき。パヴの語源は「匍う」なりとの説に、金田一氏も大いに感心されたり。……菊富士ホテルへ行き、入浴して、酒、夕食を共にせり。それより宮古島にて同氏が採集せられしものを示されたり〉。東京は本郷の菊富士ホテルは文学者や外国人、特にロシア人の常宿であった。ネフスキーも留学直後、このホテルに逗留し、その後もちょくちょく泊った[2]。

　この1924年、宮良は「我が古代語と琉球語との比較」（三田史学会）を発表した。ネフスキーの「宮古諸島方言研究資料」（後の『方言ノート』）の大学ノートの表紙裏には、宮良の名とこの論文名が漢字で大きく記されている。

　ネフスキーと宮良は研究上の同志であったが、ライバルともなった。二人の間にちょっとしたトラブルを引き起こしたのは、古い時代から見る者もその言葉を聞く者も魅了した「虹」である。

　ネフスキーは論文「天の蛇としての虹の観念」（1922）に「虹」の語源研究者として江戸時代の谷川士清や本居宣長を挙げ、虹の現代日本方言に関する東条操の「虹」（1924）を欄外に記している。宮良も1925年、「虹考」[3]を発表した。

　これが問題となったことを宮良が知るのは8年後である。1933年1月8日の宮良の日記。〈……［柳田国男］先生曰く、君の論文［虹考］が『国学院雑誌』で発表せられた当時、ネフスキー氏は大変怒ってゐたと。虹が蛇だといふ説はネフスキー氏の説だと。随分乱暴な云ひ方である。……余はこんな事のあつたことを今日始めて知り、大いに驚いた。ネ氏は南島談話会で発表したといふ。余は早速調べてネ氏への通信しようと思った〉。宮良の反駁は柳田を立腹させた。そして、ネフスキーは既に帰国していた。

　同1933年、宮良は「虹の語原説に就いて」[4]を発表した。〈八重山人は幼時から蟲類殊に蛇類を総称して「バーブ」（童語）と云つてゐるので、東隣、宮古人が虹を「テンバブ」（tim-bavu）と云ふのを聞いて直に「天蛇」と云ふ原意を心頭に思ひ浮かべることが出来る。併しながら、アウナジィ（青大将）やウナギ（鰻）を虹の語原に考へ出したのは私自

身であることを率直に申述べておく〉。

　宮良がこれを書いている頃、ネフスキーも祖国で虹を追い続けていた。そして、1934 年、二つ目の「天の蛇としての虹の観念」[5]を発表することになる。

　忘れてならないのは『沖縄風俗図絵』(1896) の「宮古島言語」である。ここには既に「天を　ティン」「蛇を　バヴ」「虹を　ティンバヴ」と記されていた (2章2)。ちなみに、宮古島では今も南部の城辺（ぐすくべ）などの一部地域で虹を「ティ厶バヴ」と言う[6]。


## 5．親友・前泊克子——佐良浜の巴御前

　宮古諸島から戻り、「天の蛇としての虹の観念」と「宮古島の結婚と祭礼」の講演を行ったネフスキーは、その後、宮古研究から遠ざかったように見える。他の分野の研究に追われたのである。小樽で始めたアイヌ研究は大阪でも続けられ、1923 年 1 月と 3 月にはアイヌの女性ユキを呼び寄せて、長い歌を採録した[1]。また、大阪外国語学校の友人・石浜純太郎の勧めで西夏語 (11 世紀から 13 世紀に栄えた中国北部の国家の言語) の研究を始め、1925 年夏、資料収集のため北京に赴いた。多忙のためか、佐喜眞興英の『シマの話』(1925) の巻末広告に掲げられた「宮古島の言語　ネフスキイ氏」は刊行されなかった[2]。

　だが、宮古との糸は繋がっていた。〈伊良部島の佐良浜村生まれで横浜の女子高等師範学校の教師である私の親友・前泊克子が 1925 年夏に帰郷した折に、親類からこの歌を書き留めて持ち帰ってくれた〉[3]。「この歌」とは、ネフスキーが宮古島の平良や狩俣、西原で採録したアヤゴ《根間の主（ニーマヌシュー）》である。

　ネフスキーは多くの女性からアヤゴを聞いたが、名前を挙げたのは克子一人である。彼は多くの島民と交流したが、「親友」と呼んだのは克子一人である。克子は、どのような人なのか。親族[4]から伺った話を交えて伝えよう。

親友・前泊克子(横浜　1923年頃)(親族所蔵)

　克子は 1898 年、伊良部島の前里添（佐良浜の字）で三姉妹の次女とし
て生まれた。ネフスキーより 6 歳年下である。父親の前泊平八は村会議
員、母親ハナは霊能者であった。克子は佐良浜尋常小学校（当時の校長は
国仲寛徒）で学び、優秀な成績により村費で沖縄島の沖縄県師範学校女子
部に入学。卒業後、1918 年から母校・佐良浜小学校の教員となった。

　ネフスキーはアヤゴに使われている言葉「カギ」の説明に、「前泊克
子嬢来信」として〈私共の学校のまはりには綺麗な花［カギバナ］等が
咲いて大層美しいものですよ〉[5]という一節を引用した。『方言ノート』
の〔kagi　好イ。清イ。綺麗ナ（物ニツイテ）〕にも同じ一節が書き込
まれている。佐良浜小学校辺りの光景だろうか。

　生徒の回想。〈長いえび茶色のはかま姿の克子先生……気の強い男
まさりの先生だった。……［テストの結果が］良いときは目を細めて笑い、
悪いときにはまゆをつりあげてチョークを投げるほどだった〉[6]。

　克子はネフスキーの来島の 5 カ月前、1922 年 3 月、佐良浜小を依願
退職し、上京した。背が高く活発な克子は「巴御前」の愛称で人気があり、

数人の男性から結婚を望まれた。それが煩わしかったのだという。当時は男女の給与差が大きく、その上、不況下で給与の未払いが続いた。そんな状況も克子の背中を押したのではないか。

　克子は同年４月、新設の二階堂体操塾（現・日本女子体育大学）に入学。女子初のオリンピックメダリスト・人見絹枝は同塾の３期生である。克子は翌年、横浜英和女学校に奉職し、校長の信頼を得て学生寮の舎監を務めた。その後も成美学園(旧英和女学校)で教諭として働いた。退職後は、横浜でさくらんぼ保育園を創設し、1960年に62歳で没するまで経営した。

　つまり、ネフスキーの克子についての記述「女子高等師範学校の教師」は、正しくは「英和女学校の教師」である。ネフスキーの友人・中山太郎も〈……石垣島の佐良浜出身で、横浜高等女学校の教職に在る前泊克子女史の談によると、同地では酒は「んさく」といふが、是れも噛み酒の意だといふ〉[7]と、彼らしい早とちりをしつつ、克子との交流を伝えている。

　克子はネフスキーや中山との交流を物語るものを残していない。東京・横浜時代の書簡類は関東大震災や戦争で焼失し、伊良部島の実家は太平洋戦争時、家族の台湾疎開中に日本軍に荒らされたという。

　二人の交流は文通だけなのだろうか。〈克子が歌を持ち帰ってくれた〉という表現や論文「琉球の昔話『大鷲の話』の発音転写（沖縄県宮古郡伊良部島佐良浜方言）」(1927)[8]の〈発音者　前泊克子　筆記解説者 N.NEVSKY〉という記述から、二人は会っていたと想像される。


## 6.「アヤゴの研究」──田島利三郎の研究の伝道者

　1925(大正14)年９月、柳田国男は「南島研究の現状」[1]と題する講演で、沖縄を「学問上の未開拓地」と呼んだ。しかし、その未開拓地は着実に拓かれつつあった。

　1924年には、田島利三郎の「琉球語研究資料」(1900) が『琉球文学

研究』として再出版された。編者は田島の教え子の伊波普猷と、共に中学のストライキ事件で退学となった眞境名安興である。1925 年、伊波は沖縄図書館長職を眞境名に託して上京。同年、柳田を中心とする「南島談話会」から『校訂おもろさうし』が刊行された。田島が見つけ出し、書写してから 30 年が経っていた。

　柳田は講演で、宮良當壮が学界の支援で行った沖縄本島や八重山諸島の言語採集を評価した。また〈……我々の同志の一人たるニコライ・ネフスキー君は、前年既に自費を持って宮古諸島の言語歌謡の採集に出掛けた。其實驗談に依ると、宮古の主島ですら言語の變化が甚しく、一番小さな方言團ともいふべきものは、戸數が僅かに二十戸ばかりであつたといふ。故に完全を望めば此種の比較語彙なども、非常に厖大なものとなるであらうが、自分等としては兎に角或段階まで達した時に、一応打切って調査の結果を公表してもらいたいと思って居る。さうでもしなければ學界の沈滞を救ふに足らぬからである〉と述べた。

　11 月、柳田は『郷土研究』（1913 ～ 1917）に代わり、民俗学に限らず、民族学や隣接諸科学のテーマを包含する雑誌『民族』を発刊。創刊号には伊波普猷の「琉球語の母音統計」や柳田国男の「宮古群島のアヤゴ」が掲載された。

　柳田は同論文に〈大正十一年の夏、ニコライネフスキー君が宮古から還って、我々に示された十数篇のアヤゴは、いずれも直接に歌い手の口から、採集せられたもののみであったが、面白いと思つたのは其中の四島の主、禰間の主のアヤゴ、狩俣のいさめが、豆が花等の諸篇で、共に既に田島氏の蒐集中にあるが、しかも其章句には著しい変化がある。即ち傳承者によつて、まだ色々に歌ひかへられて居ることが分かり、決して舊物の保存だけの為に、記憶して居るのでは無いことを證明した〉と綴っている。

　『民族』はネフスキーの発表の舞台となった。最初は「アヤゴの研究」（1926 年 3 月）[2] と題し、1 回目の旅の折に島尻で採録した《或るお嫁のアヤゴ》を発表した。「註」に〈アヤゴの一言々々の説明に簡単な文法を附け加へて置きました〉とあるが、簡単どころか 70 余語

に詳細な説明を付している。特に〈田島利三郎氏に拠ると……〉〈(宮古島の歌)では……〉〈田島氏がかう言つてゐる……〉と「田島」が散見する。あたかも田島のアヤゴ研究の伝道者のようである。

　田島は伊波に琉球語研究資料を譲った後、台湾、中国大陸を転々とし、1925年末頃に帰国したと伝えられる[3]。彼は自分の研究をリスペクトするロシア人の存在を知っていただろうか。

　次の「アヤゴの研究二篇」(1926年11月)[4]の一篇は、柳田国男が「宮古群島のアヤゴ」に挙げた「かな浜橋々積のアヤゴ」の原文と訳であった。冒頭〈宮古語については自分の智識が極く浅いので……〉と謙虚だが、『おもろさうし』『倭訓栞』『万葉集』などを駆使した「註」には智識の深さが滲み出ている。

　もう一篇は狩俣と西原で採録した「根間の主がアヤゴ」。ここでも前書きに〈一番始めて此歌を筆記したのは、田島利三郎である (多分平良で聞いたものであらう)〉と、田島の名を挙げている。続けて〈私は大正十一年の夏旅行した際、平良・狩俣・西原等の村で、歌ひ手から直接聞いて、手帳へ三首程納めて来たのであるが、其後昨年の夏前泊克子嬢が、伊良部島佐良浜村から、自分の為に一首筆記して来て呉れたものもある〉。

　『宮古のフォークロア』に収められた《根間の主》は8首にのぼる。ネフスキーは〈12世紀末から13世紀初頭に発すると伝えられるこの歌の、現時点で知られている全バリアントの発表は、この歌が地球上の小さな地域でいかに保存され、生きているかを明瞭に示すものである〉[5]と綴っている。

## 【第5章　注】

### 1．沖縄図書館──伊波普猷──田島利三郎「宮古島の歌」

1）⑾p.119
2）「巻頭の辞」『琉球文学研究』（⒀②130頁）
3）⑴②75頁
4）参考：諸見菜々「田島利三郎『宮古島の歌』の研究」『琉球アジア社会文化研究』第8号、琉球アジア社会文化研究会、2005年、97〜124頁
5）「まもや」『近代風景』二ノ七、1927年（『古琉球』1942年）
6）⑶②
7）⑶⑩「狩俣の……」⑾「豆が花のアヤゴ　他」
8）⑷①
9）⑷②、参考：付録2
10）⑺宮古154
11）金城芳子『なはをんな一代記』沖縄タイムス社、1978年、287頁
12）「琉球語の母音統計」『民族』第1巻第1号、1925年
13）⑽①321頁

### 2．吹き続けたムナイ風──同志・宮良當壮

1）⒂
2）⑷①
3）『三田史学』、三田史学会、1924年
4）⑶②
5）「序言」『八重山語彙』1930年
6）参考：東条操『方言と方言学』春陽堂、1938年、59頁

### 3．ティムバヴ──口頭発表「天の蛇としての虹の観念」

1）⑻①ロシア語原稿の文末に〈1922年10月22日、天王寺〉。ソ連で発表（1934）の同題の論文（⑸③）に〈本稿の基本テーゼは1922年、東京と大阪で聴講者に日本語で報告したもの〉と記されている。天理大学図書館所蔵
（参考：「ニコライ・ネフスキー遺文抄（五）ネフスキー「天の蛇としての虹の観念」草稿訳」『ビブリア』146号、天理大学出版、2016年）
2）⑸③
3）⑽①216頁

### 4．虹──ライバル・宮良當壮

1）⒂
2）近藤富枝『本郷菊富士ホテル』1983年、中央公論社

3）『国学院雑誌』第31巻第8号、1925年
4）『音声学協会会報』第31号、1933年
5）⑸③
6）宮古研究者・本永清氏談

## 5．親友・前泊克子 ── 佐良浜の巴御前
1）⑼②266頁、278頁
2）『柳田国男伝』三一書房、1998年、568頁
3）⑴②75頁
4）2005年、横浜在住の前泊貴子さん（克子の姉の息子の妻）に話を
　伺い、写真を頂いた。
5）⑶②
6）仲間金一『教育は歴史の流れの中で』沖縄自分史センター、1992
　年
7）中山太郎『日本巫女史』八木書店、1969年、364〜336頁（註八）
8）⑶⑥

## 6．「アヤゴの研究」──田島利三郎の研究の伝道者
1）「南島研究の現状」財団法人啓明会講演集第15回、1925年
2）⑶②
3）⒀②59〜73頁
4）⑶③
5）⑴②75頁

## 第6章　1926（昭和元）年・夏〜1928（昭和3）年・春

### 1. 2回目の宮古調査旅行——慶世村恒任

　1926年7月29日、ネフスキーは4年ぶりに宮古へ旅立った。大阪から汽車と船を乗り継ぎ、30日に鹿児島着。8月1日夕方、安平丸（1200トン、2等席16円）で大島を経由し、3日に那覇に着いた[1]。宮古行きの船は前回よりスムーズに運行し、8月7日にはネフスキーは「八千代旅館」で「南島旅行日記」[2]を書いていた。

　平良村は平良町になり、高台に宮古島神社が建っていた。前回多くの話を聞かせてくれた富盛寛卓は他界した。だが、今回も強力な協力者が現れた。ネフスキーより1歳年上の慶世村恒任（地元で　きーむら[3]）(1891〜1929)である。彼は平良で生まれ、沖縄県師範学校卒業後、宮古島で新聞発行や文化活動で活躍し、小学校教員を務め、ガリ版刷り『島物語』や『宮古五偉人伝』(1925)を出版した多才な人であった。

　8月7日の「南島旅行日記」。〈久松小学校長三島良章氏、及び慶世村恒任君来訪。三人で弁当を持つて野崎村へ出かける……〉。野崎村は慶世村家の縁の地である。ご先祖は宮古島に下された首里系の士族と野崎村の女性との間に生まれた[4]。慶世村は〈…祖母は殊の外余を愛し折に触れ膝下に抱き寄せては、奇しく妙なる郷土の神話傳説を語り聞かせたのである〉[5]と綴っている。

　「日記」は続く。〈……其途中に一つの古い墓を見る。之に就ての慶世村君の話に……〉。沖縄島から来た船長に恋した根間の美しい娘が激怒した親に殺されそうになり、消えて神となった。以後、根間の家には美人が生まれなくなったという話である。これは「美人の生れぬわけ」[6](1927)と題され、『民族』で発表された。

　ネフスキーは1回目の旅で富盛寛卓や多良間の垣花から、不死の「若水」を先に蛇に浴びられた人間の伝説を聞いた。今回は慶世村から、そ

の伝説に関連する宮古の習慣を聞いた。節祭の朝、人間を憐れんで少し
は若返らせてやろうと天が送った若水を井戸から汲み、家族全員が水浴
する習慣である。

　ネフスキーは那覇に戻る船に乗り込んだ時も、慶世村が祖母に聞い
た「月のアカリヤザガマの話」を書き留めた。これらの月にまつわる話
は「月と不死（二）」(1928)[7]に綴られ、『民族』で発表された。


## 2．「宮古島子供遊戯資料」——島民の協力

　ネフスキーにとっては子供の遊びも重要な研究テーマであった。宮
古諸島の代表的な遊び17種を聞き集め、「宮古島子供遊戯資料」(1927)[1]
を『民族』で発表した。

　最もポピュラーな遊びとして頁を多く割いたのは「毬打（マーイヴツィ）」である。
現代の毬は大概日本製のゴム毬であるが、10年か15年前までは海綿
（海藻）を芭蕉の皮で包んだ毬で、特に狩俣の毬が有名であったことなど
が詳しく書かれている。北海道の片田舎で大正初年頃まで作られていた
薇（ゼンマイ）の綿を丸めて布片に包んだ毬についても触れている。

　手毬唄は慶世村恒任から聞いた「算へ唄」と、〈田中春栄君の手帳に
納めてある〉「梔子の花（ウチナガバナ）」のアヤゴが紹介された。歌に出てくる「ara-kaca
［アラカツァ］」について、慶世村は「赤馬」、春栄と老人フガ翁は「バッタ」
と言ったことなどが註記されている。

　田中春栄は常々ネフスキーのために資料を集め、手帳に納めてい
たと思われる。1927年3月に《白い鳥についての歌（ッストゥイヌアーグ）》を書き留め、
1928年夏にネフスキーに渡す。この歌は多良間島の《正月の歌（ショーガツィヌエーグ）》と同
様、ネフスキーにとって重要な意味を持つことになる（6章4、7章1）。

　平良の学校長・垣花泰長（かきのはなたいちょう）も協力者の一人であった。ネフスキーは
《大豊作の歌（ウブユーバイヌアヤグ）》に〈この歌は垣花氏が継続的に集めた様々な資料中にあっ
た。この歌は他の若干の資料と共に書き写され、1926年9月、丁寧に
送られてきた〉と記している。

　ネフスキーの1回目の来島時、那覇から同船した学生・下地馨が著した『宮古の民俗文化』(1975) に垣花とネフスキーの名が見える。〈胡盧八本というのは、ふくべ（瓢）の事でツグズグーの事である。瓢箪は今なお漁村に多く見受けられるが、伊良部ではこれをポタズグーと称して、海や畠に、水などを運んでいる。ネフスキー氏はこれを伊良部で発見して国語の古語と一致していることを喜ばれたと垣花泰長氏は教えて下さった〉[2]。

　この一件は『方言ノート』に次のように記されている。〔pudal-gù:（佐和田）頭瓜 (cïgul) ノ最モ大モノヲ瓢ノ如ク乾シ、酒ヲ入レテ畑等ニ持チ行キテ飲ミシモノニテ例ノ「瓢箪」ノ如シ【國仲】。(八重山) fudarï 柄杓、(アイヌ) puntari、(日本) hondari (?)（古事記. 雄畧記「本陀理」）……〕。

## 3. 『音声の研究』——台湾調査旅行

　1926 年 10 月末から 11 月にかけて、大学時代の恩師シュテルンベルグが学術会議のために来日した。師弟の再会については後述しよう（6 章 4）。

　その 10 月、大阪外国語学校の言語学者・浅井恵輪らが発起人となり、「音声学協会」が創立された。ネフスキーは協会誌『音声の研究』第一輯 (1927) で〈発音者　前泊克子、筆記解説者　N.NEVSKY〉と記して「琉球の昔話『大鷲の話』の発音転写」[1]を発表した。

　冒頭に〈i mixed vowel で、日本東北方言の所謂「変的 i」よりは少し back、大島（鹿児島県）の i よりは稍 front である。（後者はロシア語ы に同じ）〉と記されている。狩俣繁久教授は、現在、宮古諸方言の i が mixed vowel（中舌母音）と見做されているのはネフスキーの研究によるとして、〈ネフスキーは宮古諸方言の音声の観察を最初におこなった研究者である。ネフスキーの音声の記述のしかたは現在までうけつがれていて、その影響は決して小さくない〉[2]と評価している。

　1927 年 6 月、浅井恵輪と台湾に赴いた。宮古島と台湾は因縁がある。

1871（明治4）年、琉球国に年貢を納めて宮古島に帰る春立船4隻が暴風に遭い、台湾に漂着した1隻の乗組員が原住民に殺害された。この事件は日本政府の「台湾征伐」を引き起こし、琉球処分を早め、日清戦争（1894〜95）に繋がった。

　1895年、伊能嘉矩（1867〜1925）が、日本の植民地となったばかりの台湾に渡り、人類・民族学の調査を行った。故郷の岩手県遠野に戻ってからは、オシラ神など郷土の民俗を研究した。柳田国男は『遠野物語』刊行の前年1909年に、また、ネフスキーは1917年と1920年の夏に、それぞれ遠野で伊能に会っている。

　1896年から台湾航路（大阪―那覇―台湾）（那覇―宮古―八重山―台湾）が開設され、多くの人々が台湾に向かった。田島利三郎は琉球語研究資料を伊波普猷に譲った後、1903年頃に台湾へ渡った。柳田国男は1917年、台湾・中国・朝鮮を旅した。

　ネフスキーは1918年、論文「農業に関する血液の土俗」[3]に〈日本の新殖民地の台湾では……風土記にある禁厭と、稍同じ風習が見える〉と『蕃族調査報告書』（1917）を引用した。

　折口信夫は1923年、2回目の沖縄旅行で宮古島に5時間程上陸した後、石垣、台湾と旅した。ネフスキーに宮古方言を教えた上運天（稲村）賢敷は1926年、教師として台湾に渡った。

　ネフスキーは1927年6月、神戸で乗船し、4日後に台湾に上陸して奥地に入り、ツォウ族に接触した[4]。彼らとの交流は宮古研究に生かされた。論文「神酒」[5]には、〈台湾のポリネシア系民族と宮古諸島の住人の酒造りの方法は、ほぼ同じである〉と記されている。論文「ムナイ」[6]には、台湾で怪我を負った島民の妻が夫の怪我と同じ所に痣のある子を生んだ話が綴られている。ツォウ語研究は後にソ連で高く評価された。

　1927年、沖縄図書館長の眞境名安興ら沖縄出身者を中心として「南島研究会」が設立された。初の沖縄発の機関誌『南島研究』は注目を集め、2号に柳田国男が寄稿した。4号の会員名簿には東京在住の伊波普猷、金田一京助、中山太郎、宮良當壮、そして「大阪外国語学校　ネフスキー」が名を連ねている。

## 4．恩師シュテルンベルグとの約束──鷲信仰──《正月の歌》

　1927年7月、ネフスキーは大学時代の恩師 L. シュテルンベルグに
手紙[1]を送った。〈あなたのために琉球のシャーマニズムに関する特別
な論文と、アイヌのフォークロアに関する概論を書きます……〉。

　約束の発端は、ネフスキーが2度目の宮古旅行から帰った直後の
1926年10月末から11月にかけて東京で開かれた汎太平洋学術会議
であった。シュテルンベルグはレニングラード（旧サンクトペテルブルグ）
から病を押して出席した。ネフスキーは〈[師は] 数々の写真硝子板を携
帯し、アイヌの物質文化の状態に拠り、自分の仮説を進めて今日まで謎
となつてゐるこの民族の太平洋起源説を主張せんとした。けれどもバ
チェラー博士の如き世界的権威者の前で、新仮説を発表するのは認めら
れなかつたの如く、十五分間以上語ることが許されなかつたと氏は筆者
に訴へてゐた〉[2]と伝えている。

　シュテルンベルグは帰国後、会議は人類学が中心で文化についての
報告が欠けていたことや、日本では民族学や民族宗教への関心が低いこ
とを論文で指摘した。そして、〈……柳田 [国男] 教授、そして、長く日
本に在住しているロシア人日本学者ネフスキー教授──前者は北日本
の、後者はそれのみならず琉球のシャーマニズムを専門的に研究してい
る──との懇談を私は個人的に多大な感謝をもって思い起こす。私に
とって、このお二人から教えられた事はまさに大発見だった。……日本
はシャーマニズムの、しかも、全く独特のシャーマニズムの国だと考え
ることができた人たちがいるのである〉[3]と綴った。

　ネフスキーは手紙に〈……鷲信仰に関しては日本で何か見つかると
思いますが、今のところ私の知る限りでは、明確なものはありません〉
と書いている。11年ぶりに再会した師弟は、シュテルンベルグの論文「シ
ベリア諸民族の鷲信仰」（1925）[4]について話し合ったのだろう。

　続いて〈以下は八重山諸島の有名な「鷲の鳥節バスイヌトゥリイブスィ」です。この歌は、
この島々に鷲信仰があったことを示しているでしょう〉と、歌の音声テ

キスト（ロシア式）とロシア語訳、各22行を書いている。そして〈作者は役人・大宜味信智（1797～1850）で、仲間サカイの「鷲のユンタ」を元歌としています。仲間サカイ（1713～1813）については資料が無く、いかなる女性かはっきりしませんが、巫女 - シャーマンでしょう。何故ならシャーマンは皆、詩の才能と即興の能力を持っているからです……最後の6行は後に加えられたものでしょう〉。

　仲間サカイのシャーマン説の部分は、シャーマニズム研究者ネフスキー独自の論考である。それ以外は八重山の喜舎場永珣（1885～1972）の調査による。このことは手紙では触れられていないが、『宮古のフォークロア』所収の《鷲の鳥節》に〈喜舎場は調べたことを著名な琉球の研究者・伊波普猷に知らせた。……伊波は「沖縄毎日新聞」（1912）と有名な『古琉球』2版（1916）で発表した。……喜舎場の見解によれば、最後の6節は後で付け加えられた〉[5]という記述がある。

　ネフスキーは手紙で自説を展開する。〈それら［最後の6節］は、多良間島で採録した「正月の歌」で独自に発展しました。この歌に「鷲」は一言もありません〉。

　「鷲の鳥節」の最後の6節は〈ああ嬉しい今日の日よ。たいそう嬉しい黄金の日よ。私は蘇るほどの今日だよ。羽が生えるほどだよ。今日、祝をしているので。明日、誇り（祝い）をするので〉[6]。一方、1922年夏に多良間島で採録した《正月の歌》の冒頭は〈正月がやってきましたので、新年がやってきましたので、私は蘇るように思います。羽が生えるように思います〉[7]。確かに二つは類似し、「鷲」は一言もない。

　手紙は続く。〈宮古諸島では鷲信仰は見つかっていませんが、八重山に鷲信仰が存在したことを裏付けられたら、宮古にも存在したといえるでしょう。10月、渡りの［サシバ］[8]の大群が宮古諸島を覆い、子供たちは歌いながら木の上に独特な罠を仕掛け、歌でおびき寄せます。捕った鳥は食べますが、家族の誰かが沖縄島（琉球本島）や日本に行った家では、食べることはタブーです。タブーを破ると留守にしている者に必ず災いが降りかかると言われています〉。

　ネフスキーが手紙を送った翌月の1927年8月、シュテルンベルグ

は永眠した。前述の東京の会議における恩師についての一文は、1928年1月、『民族』に寄せた追悼文「故シュテルンベルグ氏―其小伝と著作」に綴られたものであった。


## 5.「月と不死」――若水――折口信夫

　1927年暮れ、ネフスキーは一時帰国を決め、パスポートの申請を始めた[1]。日本に留学してから12年経っていた。1925年に日ソ基本条約が締結され、ロシア革命以降途絶えていた国交が回復したことも彼の気持ちを押したのかもしれない。だが、帰国の許可は、なかなか下りなかった。1928年5月、娘エレーナが誕生した。

　このような状況下、ネフスキーは1928年1月と5月に「月と不死」「月と不死（二）」[2]を発表した。彼曰く、太陽を崇拝する北国のスラブ民族には、冷たい月に心を向ける東洋の思想は〈何の縁もなかった〉。それ故に宮古で聞いた話に魅かれたのだろう。〈それで日本人と勿論起源を共にして、日本本国にあつて既に消滅し、又はほとんど消滅した幾多の古代信仰式典を保つてゐる住民を有する沖縄列島に於て、主に宮古群島に於て、私が蒐集した月に関する二三の伝説を次に持って来ることにする〉。

　月の伝説の多くは水と関わっていた。そこから宮古島の富盛寛卓と多良間島の垣花春綱から聞いた「若水」の伝説が綴られる。節祭の夕に、天から送られる若水を先に浴びた蛇が不死を得て、先を越された人間は若返らぬようになったという伝説である。これに慶世村恒任から聞いた宮古の習慣が加わる。宮古では今でも毎年、「śicïnu araju:［シツィヌアラユー］」と呼ぶ節祭の朝早く、人間を憐れんだ大空から送られる若水（bakamizï［バカミズィ］）を井戸から汲み、家族全員が水浴し、少し若返るのである。論文には「若水の研究の試み」という副題が付けられた。

　「若水」は折口信夫にとって、ちょっぴり苦い水となった。〈私は其前年かに、宮古島から戻って今大阪外国語学校に居るにこらい・ねふす

きいさんから、一つの好意に充ちた抗議を受けてゐた〉³⁾と「若水の話」
(1929)に綴った。

　その抗議と関連する文言がネフスキーの書簡に見える。〈今日は兄様
と話したくなったから筆を取りました〉と始まるが、続く言葉は鋭い。
〈……万葉にある変若水はことに依ると、やはりをちミづと読まず、ワ
カミヅと読んだかも知れません。お正月の若水の思想は日本にもありま
すが、宮古島のバカミヅ（ママ）は伝説に依りますと立派な変若水であ
ります。万葉辞典によりますと……〉⁴⁾。

　折口の『万葉集辞典』(1919)には〈をちみづ（変若水）わかやぎの泉。
fountain of youth。若がへりの水。支那思想から来たものか。飲めば若
くなる不思議な水。……〉と記されている。折口は『万葉集』の「月読
の持たる変若水」の月読神を帰化漢人が祀った神で、変若水の思想は帰
化人の信仰と考えた。これに対し、ネフスキーは宮古島の例から若水は
日本古来のものであると抗議したのである。

　折口は〈……かうした信仰の残ってゐる以上は、支那起源説はあぶ
ない。此、日本人の細かい感情の隅まで知つた異人は、日本の民間伝承
は何でも、固有の信仰の変態だと説きたがる私の癖を知り過ぎてゐた。
極めて稀に、うっかり発表した外来起源説を嗤ふ事が、強情な国粋家の
心魂に徹する効果を知つていた。さうして皮肉らしい笑ひで、私を見た。
さういふ茶目吉さんだった〉と彼らしい洒脱な調子で綴っている。

　ネフスキーが折口に『万葉集』の講義を受けたのは、ロシア革命で
帰国を断念した直後の1918年春。それから数年、弟子は宮古研究を通
して師のうっかりを嗤ったのである。稿末に〈未完〉と書かれた「月と
不死（二）」は、日本で発表した最後の論文となった。

　「月と不死」で紹介された宮古諸島の神話は、日本のみならず世界の
神話研究に影響を与え続いている。ロシアの考古学・人類学者ユーリー・
ベリョースキンは、死の起源神話の世界分布図(2013)に宮古島をマー
クした⁵⁾。

【第6章　注】

## 1．2回目の宮古調査旅行──慶世村恒任
　1）⑾ p.96~98
　2）⑶④「美人の生れぬわけ」文末に（南島旅行日記の一節）と記されている。
　3）⑴②75頁
　4）参考：仲宗根将二「慶世村恒任略年譜」『宮古研究』第6号、1992年
　5）「自序」『宮古史伝』南島史蹟保存会、1927年
　6）⑶④
　7）⑶⑨

## 2．「宮古島子供遊戯資料」──島民の協力
　1）⑶⑤
　2）琉球出版会、328頁

## 3．『音声の研究』──台湾調査旅行
　1）⑶⑥
　2）かりまたしげひさ「宮古方言の「中舌母音」をめぐって」『沖縄文化』第22巻2号66、1986年、58頁
　3）⑶①
　4）⑽①188頁
　5）⑷②、参考：付録2
　6）⑷①

## 4．恩師シュテルンベルグとの約束──鷲信仰──《正月の歌》
　1）*Письмо Н.А.Невского Л.Я.Штернбергу,* ⑸⑨ p.379 〜 387
　2）⑶⑦
　3）桧山真一「日本におけるレフ・シテルンベルグ博士(上)」『窓』98号、1996年、33頁
　4）Л.Я. Штернберг *"Культ орла у сибирских народов "* Сб. МАЭ. Т.5. Вып.2.Л.,1925 ⑸⑨ p.380 欄外2
　5）⑴②96頁
　6）⑴②95頁
　7）⑴②129頁
　8）原文は коршун（トビ）。宮古諸島で見られるのは同じタカ科のサシバと思われる。

## 5．「月と不死」──若水──折口信夫
　1）⑽①226 〜 228頁

2）⑶⑧⑨
3）『古代研究』第1部第1民俗学篇、大岡山書店、1929年（⑩①
　　312～313頁）
4）書簡（年月日不明）国学院大学折口博士記念古代研究所蔵（⑩①
　　346頁）
5）山田仁史「神話と万葉集」『現代思想』第47巻11号、青土社、
　　2019年、242～243頁。(参考：宮川耕二「神話から見る琉球弧・
　　宮古集団の由来　～新しい「神話学」のパラダイムを通して～」『東
　　北宗教学 Vol.17』2021年)

# 第7章　1928（昭和3）年・夏～1929（昭和4）年・秋

## 1．3回目の宮古旅行──平良の知識人──「白い鳥についての歌」

　N文書に未発表の「1928年7月28日から8月23日までの琉球・宮古諸島の旅日記 (ロシア語)」[1] がある。文書番号から『宮古のフォークロア』の「解説」に引用された日記[2] が、その一部である可能性が高い。これを基にネフスキーの3回目の平良の日々を辿ろう。

　〈平良は小さな田舎町とも大きい村ともつかない所だが、知識人たちは驚く程熱心に独自の習慣や文化を守っている〉とネフスキーは綴っている。知識人たちにとっても、米島3回目のネフスキーは、もはや単なるオランダ (西洋人) ではなかった。当初は彼の研究を疑った彼らだが、今や進んで協力するようになっていた。

　今回の宿「大正館」はみすぼらしいが、重要なのは仕事である。到着した翌日 (8月4日) には早速、池間の住人から祖母に聞いたという池間島の社 (ウパルズ御嶽　大主神社) にまつわる伝説を書き留めた。ウパルズ御嶽は池間島の移住者が立てた伊良部島の佐良浜と宮古島の西原にもある。

　翌朝 (8月5日)、慶世村恒任が訪れた。前回 (1926年)、ネフスキーに多くの情報を提供した彼は、1927年に『宮古民謡集』と『宮古史伝』を刊行した。ネフスキーが〈極めて興味深い大作〉[3] と評する『宮古史伝』には〈……宮古を知って沖縄や八重山の何等かの解決はつくとも、沖縄や八重山を知るだけでは宮古の何物も解決されないのである。独りエヌ・ア・ネフスキー氏は近年一再ならず宮古島に渡り実地についてその民俗言語を研究せられ、やがて結果を公にしようとしておられることは斯学会のため欣幸に堪えぬ次第である〉[4] と記されている。

　しばらくして、〈旧友の下地ソチ〉が現れた。1922年正月、上運天賢敷が東京の宿に連れて来た下地紹知か。二人は長く談笑した後、夕方

4時頃、平良を散策した。ネフスキーは写真を撮った。天理図書館が所蔵するネガフィルムは、この時のものか[5]。

　その夜、ネフスキーは地震で目が覚めた。関東大震災は大阪にいて免れたネフスキーが、宮古島で地震に遭うとは。朝（8月6日）、宿を訪れた下地カンロ（平良町長の寛路か）から〈あれやこれや〉書き留めた。

　もう一人、宿を訪ねてきたのは、前回（1926年）に会った時は田中姓で、現在は下地姓の春栄である。前回、春栄に聞いた手毬唄は「宮古島子供遊戯資料」（1927）[6] で紹介された。今回、ネフスキーは春栄と共に彼の職場である役場の展示会に行って貝を買い、彼の家で彼の妻に野菜を見せてもらった。そして、春栄が1927年3月に平良の下地で書き留めた《白い鳥についての歌》を受け取った。

　ネフスキーは、この歌について〈八重山諸島の「鷲の鳥節」あるいは「鷲の歌」とモチーフを同じくすることは疑いない〉と記している。「鷲の鳥節」で思い出されるのは、ネフスキーが1927年7月に恩師シュテルンベルグに送った手紙の一節である。〈それ［鷲の鳥節の最後の6節］は、多良間島（宮古諸島）で採録した《正月の歌》で独自に発展しました。この歌に「鷲」については一音もありません……宮古諸島では鷲信仰は見つかっていませんが、八重山に鷲信仰が存在したことを裏付けられたら、宮古にも存在したといえるでしょう〉[7]。

　ネフスキーは北国の鷲信仰を追った亡き師に、また一つ南の島で鷲信仰に繋がる歌が見つかったことを、さぞ伝えたかっただろう。

　それから漢学者の家を訪ねると、多良間花の茶を供された。『方言ノート』に〔tarama-bana［タラマバナ］赤い花の植物。乾燥した花を煎じた茶は目や脳に効く［ロシア語］。2019年冬、私が多良間島で購入した「たらま花茶」のラベルには、たらま花（紅花）は琉球王朝時代に年貢として多良間島から献上されていた、と書かれていた。

　その後の約10日間の行動は不明である。8月16日には平良で、島村タケオから34首の《たとえ話・迷信》を聞いた。例に〈西の海で女が死ぬと、ムナイ風が吹く〉〈女が孕んでいる時に、その夫の墓を掘ると、ムナイ子が生まれる〉[8]。

## 2．国仲寛徒――神祈りの文句

　ネフスキーには、もう一つ亡き師シュテルンベルグと交わした約束
があった。〈あなたのために琉球のシャーマニズムに関する特別な論文
を書きます〉と手紙（1927年7月）に綴った約束である。だが、オラン
ダ（西洋人）を怖れる神ガカリ（霊能者）に会えず、約束は果たされていな
かった。恩師に「琉球のシャーマニズムを専門的に研究している日本学
者」と認められた弟子としては、さぞかし心残りであっただろう。

　こんな時、頼りになるのは最初の旅（1922年夏）で会った伊良部島の
村長・国仲寛徒である。国仲は一旦、職を離れたが、再び村長となって
いた。国仲は手紙でネフスキーに様々な情報を送っていた。以下、長男
が著した『敬神家　國仲寛徒翁小傳』[1]から手紙を引用する。

　ネフスキーの3回目の宮古来島の2カ月前、1928年4月11日付の
手紙。国仲は御大典記念(昭和天皇即位式)事業計画で多忙なことを告げ、〈御
依頼の調査事項甚しく遅延し……昨今伊良部校の伊佐君に託し種々調べ
居候……取敢へず佐和田に於ける名称だけ左に御報告申上候〉と綴った。

　次は8月15日付の手紙。〈拝啓先日は御多忙中にも拘はらず御面会
下さいまして、誠にありがたうございます。(中略)尚ほ御依頼の神祈り
の文句、民謡、謎の調は小生が引受けて、御報知申上げませう〉。ネフ
スキーは宮古滞在中に国仲に会ったのである。

　そして、ネフスキーの帰阪後、9月23日付の手紙。〈此頃親族の家
に運矯願（フーダメネガイ）といふ祭祀があつて、午前二時頃眠たいのを忍びて神憑者（カムカカリャ）の神
祈りの文句を手帳に写しました。速記術を知らない小生その上彼の巫女
の口の早い事には少からず閉口しました……民謡は後日又送つて上げま
せう乱筆御免下さいませ〉。この情報は『方言ノート』に〔fu:dami-nigaz
［フーダミニガイ］(佐和田) 運為願（個人ノ家ニ行フ祈祷）。生命健康ヲ祈ル
コト。……【國仲】〕と記録された。

　二人が宮古島で会ったのは1928年8月が最後だろう。だが、11月、
昭和天皇即位行幸の拝観のため京都に滞在中の父・寛徒を訪ねた長男・

晩年の国仲寛徒（『伊良部教育史』1977年）

　寛栗は〈［父は］学問の為大阪に某氏を訪問しての帰りでした〉と記している。「某氏」がネフスキーであったならば、この時が二人の会った最後となる[2]。

　ネフスキーは《トーガニ》2首に〈8月21日［年度不明］、伊良部島佐和田村の国仲カンリツから採録〉と記している。カンリツは寛栗のことだろう。寛栗は一時期、前泊克子と同じ佐良浜の小学校で教えたが、ネフスキーの1回目の来島時は島を離れていた。その後は東京の大学で学び、教師になった。彼は何時、何処でネフスキーにトーガニを伝えたのか。彼は父親とネフスキーの交流は詳しく記録したが、何故か自身とネフスキーの関係には触れていない。

　国仲寛徒は翌1929年8月、57歳で永眠した。教育者として、また村長としての業績は郷土の史誌に刻まれ、碑も建てられた。このように精力的に活動した国仲だが、友人や親族の回想からは謙虚で物静かな人物が浮き上がる。雅号は「竹雅」、戯れに「伊良部島カント」と自称するユーモラスな面もあった。

　一方、国仲の研究者としての業績で知られているのは、『方言』(1931)[3]掲載の「人倫に関する宮古方言」のみである。71語が解説付きで記され、

〈此地にてエ段に属するものをイ韻に轉じて發音するといふこともある
にはあるが、其はネフスキー氏の云ふ如くeとiの中間音ともいふべき
ものであつて……〉という記述がある。同論文の末に〈稿本宮古島舊慣
拾集（言語篇土俗篇）の遺著あり〉と記されている。

　ネフスキーは国仲の研究について〈国仲寛徒によって編纂された語
彙集によると……〉と《白い鳥の歌》の注解に記している。彼にとって、
国仲の「語彙集」はアヤゴの解読に欠かせない「辞書」であった。また、
論文「神酒（みき）」[4]には〈国仲寛徒の語彙集……字・国仲の役場所蔵〉と書
かれている。これらの資料の関係や現在の在処は不明である。また、天
理大学図書館には「語集　沖縄県宮古郡伊良部村佐和田」と書かれた筆
者不明の資料[5]がある。

　幸い、国仲の研究の一部はネフスキーによって『方言ノート』に刻
まれている。『方言ノート』に情報源〖國仲〗を記した語彙は断トツの
約350、祭祀や風習、社会制度、生活用品、食物、動植物など広範囲
に渡る。


## 3．伊波普猷からの絵葉書──ポリヴーノフ先生のアドレス

　1929年6月、ネフスキーは伊波普猷から絵葉書[1]を受け取った。〈私
は昨年の九月上旬、布哇［ハワイ］及北米を旅行し今年の二月上旬に帰り
ました。布哇で私に世界漫遊をさせる人があって来年の五月頃ロシアを
［経?］てヨーロッパに入り、フィンランド、スエーデン、ノルエー、デ
ンマルク、ドイツ、イタリー、ギリシアをまわり、フランスに暫く居て
から英国に渡り、北米を［経?］て帰るつもりです。ポリヴーノフ先生
のアドレスをお知らせください。又、巴里滞在中の日本語の達者なあな
たの友人のアドレスも知らせてください。そして、紹介状を書いてくだ
さい。六月十一日〉。年度は記されていないが、ハワイ旅行が1928年だっ
たことから推察できる。

　「巴里滞在中の友人」とはネフスキーの大学の先輩で、1908年に日

本へ留学した日本文学研究家 S.G. エリセーエフ（1889～1975）である。帰国後に起きた革命を一時、熱烈に支持したが、その後の展開に落胆し、1921年からパリで暮らした。

「ポリヴーノフ先生」とは「日琉語比較音韻論」（1914）[2]（2章5）を著したネフスキーの先輩、言語学者 E.D. ポリワーノフである。伊波とポリワーノフの接点は何か。

それを明らかにするのは、1934年に同論文を初めて日本語に訳した吉町義雄の「訳者の前置」である。〈自分は昭和にならぬかならぬ頃、当時京大文学部講師を兼職してゐられた目下在露のニコライ・アリエクサヌドロヴイチ・ニエフスキイ氏から一部を貸与され……原文の言語や殊には伊波氏の発表もある上は今更別にと思って今夏迄全く打捨てゝ置いたのである。……抜刷は伊波氏も夙に一部所持されてゐて、某氏に譯出を依嘱された儘中絶してゐたのであった。……意外にも伊波氏が開明された琉球語口蓋化法則は既に簡単ながら本論文に於て活字化されてゐるではないか〉[3]。伊波もネフスキーから抜冊を貸与されたと思われる。

〈伊波氏が開明された……〉は、伊波が1930年に発表した「琉球語の母音組織と口蓋化の法則」[4]を指す。この論文に伊波は〈口蓋化が起こつたお蔭で、琉球の標準語であつた首里語が、フランス語や北平官話などのやうに柔くなつて、一入優美になつたことは、前にはチャンブレン氏の、後にはポリヴーノフ氏の、等しく認めた所であるが……〉と記している。伊波は自分より16年も前に琉球語の口蓋化を論じたポリワーノフに感服し、連絡を取りたいと思ったのだろう。

また伊波は〈…このïがiとuとの中間音で、ロシア語のЫと全く同一のものであることは、ネフスキー氏の裏書きする所で……〉とネフスキーにも触れている。

ネフスキーが伊波に返信したか否かは不明である。というのも3か月後の1929年9月、ネフスキーは慌ただしく帰国したのである。伊波の世界漫遊も実現しなかった。実現したとしてもポリワーノフに会えたかどうか。彼はソ連で日本語研究の第一人者として活躍したが、スターリン政権お気に入りの言語学者 N. マル（1865～1934）[5]の学説を批判し

たことから、中央アジアへ飛ばされた。

　天理図書館で閲覧した伊波の絵葉書は私がポリワーノフの論文を読むきっかけとなり、ポリワーノフの論文は私がウィルトの論文を探すきっかけとなった。

【第 7 章　注】

## 1．3 回目の宮古旅行──平良の知識人──「白い鳥についての歌」
1）⑺　雑 205、206
2）⑴　②353 〜 356 頁
3）⑴　②「根間の主の歌」（注釈）75 頁
4）「自序」『宮古史伝』南島史蹟保存会、1927 年
5）「ネフスキー資料一覧」『ビブリア』第 146 号、天理図書館、2016
　　年、参考：エフゲニー・S・バクシェエフ「ニコライ・ネフスキー
　　と沖縄・宮古島」『ドラマチック・ロシア in Japan』47 頁
6）⑶　⑤
7）*Письмо Н.А.Невского Л.Я.Штернбергу* ⑸ ⑦ p.379 〜 387
8）⑴②325 頁

## 2．国仲寛徒──神祈りの文句
1）⑯
2）参考：本永清「ネフスキーあて国仲寛徒翁書簡・その他」『宮古研究』
　　第 13 号、宮古郷土史研究会、2015 年
3）春陽堂、1931 年
4）⑷②、参考：付録 2
5）参考：茂木明子「柳田國男とネフスキー　─「宮古郡伊良部村語集」
　　をめぐって─」『民俗学研究所紀要　第 31 集　別冊』成城大学民
　　俗学研究所、2007 年

## 3．伊波普猷からの絵葉書──ポリヴーノフ先生のアドレス
1）⑻②
2）⑳
3）㉑34 頁
4）『国語と国文学』7 〜 8 号、1930 年（『日本列島方言叢書 30　琉
　　球方言考③』2001 年）
5）「ヤフェト理論」と称する非科学的な言語の単一起源説を唱えた。
　　スターリン政権の支持を得て、学界に大きな影響力を与えた。

## 第8章　1929（昭和4）年・秋～2012（平成24）年

## 1．帰国──活動──日本旅行の申請

　1929年、ネフスキーの宮古研究を支えた人々が次々とこの世を去った。1月に慶世村恒任、8月に国仲寛徒が他界した。9月、田島利三郎が妻の故郷・豊橋で、ひっそりと59年の生涯を終えた[1]。彼の偉業はネフスキーの研究のみならず、沖縄文化にも生き続けている。那覇の新都心「おもろまち」(1999～) の名や、田島の作詞といわれる「秋の踊」(組踊の曲に大和口の歌詞) に彼を偲びたい。

　同9月、ネフスキーが2年前から申請していたソ連のパスポートが下りた。N文書の「履歴書」(1936)[2]には帰国の理由を〈科学アカデミー正会員V.M.アレクセーエフとコンラッド教授に招聘された〉と記されている。前者は大学時代の教師の中国学者、後者は留学直後のネフスキーと東京で一時同居し、ロシア革命時に帰国した日本学者である。またネフスキーは、西夏語研究を希望する手紙をソ連の学者に送っている。帰国の理由は明確ではないが、いずれにせよ単身での一時帰国のつもりであった[3]。

　旅立ちは慌ただしく、大事な田島利三郎の資料の写しを置き忘れたほどであった[4]。敦賀港から出発し、ウラジオストクからシベリア鉄道で14年前に後にした祖国に戻った。ソビエト連邦となった祖国ではスターリンの独裁が始まり、富農が弾圧され、教会が閉鎖された。

　ネフスキーは帰国直後からレニングラード大学 (旧サンクトペテルブルグ大学) で助教授、次いで教授として日本語や古代文学を教えた。東洋学院では古典日本語研究の権威コルパクチ教授と教科書を共同執筆した。さらにソ連科学アカデミー東洋学研究所の西夏語文献担当の研究員になった[5]。

　このように仕事は順調であったが、1930年春には大阪外国語学校の

ネフスキーと妻イソと娘エレーナ（ソ連時代）⑸

　石浜純太郎に宛て、家族と離れている孤独感を吐露し、〈近いうちに、
この夏日本旅行を許可してもらえるよう願書を出すつもりです〉[6]と
綴った。
　実際に願書が出されたのは1932年。出張旅行の第1の目的は宮古
方言研究の諸問題の解決と新資料の入手。第2は全琉球方言を把握する
ための研究の拡張に向けた方言資料をレニングラードへ送付する拠点を
琉球諸島に組織すること[7]。ネフスキーは宮古方言やムナイ、虹、鷲信
仰などの研究を通し、八重山諸島さらに琉球諸島全域の研究の必要性を
感じたのではないか。家族と会いたい気持ちもあっただろう。
　許可は下りなかった。日本が引き起こした満州事変（1931）の影響も
考えられる。このような緊迫した情勢下の1933年7月、日ソ両国の友
人の尽力でイソ夫人と娘エレーナ（5歳）がソ連へ渡った。経済計画が
うまく進まず、スターリンによる弾圧が強まり始めたソ連へ。
　妻子を迎え、ネフスキーはエネルギッシュに活動した。日本語関係、
宮古研究、アイヌ語研究、台湾のツォウ語に関する論文の報告・発表を

次々と行った。特に西夏語の研究発表は高く評価され、1935 年、権威
ある科学アカデミーの通信会員に推薦された。

　宮古研究では「宮古方言の音声学」(1933 未完)、「宮古諸島の子音体系」
(1933)、「宮古のフォークロア」(1935) を報告した [8]。また、1934 年に
論文「天の蛇としての虹の観念」[9] を雑誌で発表した。

　1936 年から 1937 年頃には、出張旅行の願書に記したような琉球研
究も進めていた。N 文書には琉球方言辞典のためのカード資料や八重
山方言の記録、琉球方言の音声・文法の研究の草稿がある [10]。


## 2. 二つ目の「天の蛇としての虹の観念」──消えた「ムナイ」

　1934 年に発表された論文「天の蛇としての虹の観念」[1]（以下、ソ連版）
には〈本稿の本旨は、1922 年に東京と大阪で聴講者に日本語で行った
報告に示されている〉と記されている。そこでソ連版と口頭報告の原稿
（ロシア語、天理図書館所蔵）[2]（以下、日本版）を較べてみた。

　〈1922 年 8 月に沖縄県宮古諸島を訪れた私を非常に驚かせ、興味を
抱かせたのは、島民の大部分が虹を呼ぶ時の言葉、timbav［天の蛇］であっ
た〉という一節は、ほぼ同じである。宮古でのフィールドワークで得
た資料や日本の古文献、また J. フレイザーなど諸外国の文献を駆使し、
「虹」について民族学と言語学の両面からアプローチする方法も同じで
ある。

　だが、日本版の結びの〈私の目的は言語学的なものではない。かつ
て日本に天の蛇としての虹の観念があり、その観念は地球上に広まり、
「大八洲国［日本］」の人々と祖先を同じくすることが疑いのない宮古島
の人々の間に今も生きていることを証明したかっただけである〉がソ連
版では消えている。その一方、言語学資料の引用が増え、ページ数も倍
以上になった。

　新たに加わった言語学資料の一つは〈日本の著名な民俗学者〉柳田
国男の「語音変化に関する研究」(1930) である。この論文の掲載誌『音

声の研究』などネフスキーの帰国後に刊行された資料は、大阪外国語学校の石浜純太郎ら友人が送っていた[3]。

　また、八重山など琉球諸島の語彙は宮良當壮の『採訪南島語彙稿』(1926) から引用された。かつて、ネフスキーと宮良の間には、どちらが先に虹と蛇を関連づける説を唱えたかということで悶着が起きた。だが、お互いの研究は尊重し続けたのである。宮良は『八重山語彙』(1930) の「序言」に〈万国音標文字の採用に就てはプレトネル氏、ネフスキー氏等に諮る所があった〉と記している。

　さらに、ソ連版には言語学界を牛耳った N. マルの新学説が引用された。言語の単一起源説という非科学的なマルの学説を否定したポリワーノフが中央アジアへ左遷させられたことは前述 (7章3) の通りである。

　ネフスキーは最初の宮古旅行で聞いて以来、頭から離れなかった言葉「ムナイ」についても論文[4]を書いた。八重山では「ムヌアイ」ということなどを伝えてきた宮良當壮の手紙も引用されている。この論文では、N. マルの論文を文中に引用したのみならず、冒頭にマルの理論の一節を掲げた。このような忖度にも拘らず、当時、「ムナイ」が発表された形跡はない。

　論文「(宮古の) 病気治療」[5]や「神酒（みき）」[6]も発表されなかったようだ。無神論を掲げるソ連では、信仰に触れる論文は歓迎されなかったのだろうか。また、1931 年に発表されたポリワーノフの論文が引用されていることから、それ以降に書かれたと考えられる論文「音素 p 考」[7]も未発表であった。


## 3．ネフスキーの死——死の真相——蘇った研究

　1937 年、スターリンによる粛清がピークに達した。一般市民から著名人まで膨大な数の人々が投獄、処刑された。満州事変以来、緊迫した日ソ関係も、日本とドイツがソ連に対する防衛協定 (1936) を結ぶと、さらに悪化した。

　1937年10月4日、突然、ネフスキーが逮捕され、4日後にイソ夫人も逮捕された。その後に起こったことは半世紀以上、闇に包まれた。

　日本では1935年頃からネフスキーの消息が途絶えた。柳田国男や旧知の人々が心配したことを雑誌『民族』の編集者・岡正雄が記している[1]。ネフスキーの旧友・中山太郎は『校註諸国風俗問状答』(1942)の冒頭に〈本書を先づ異郷の学友ニコライ・ネフスキー氏に御目にかけ候〉と記し、古書店での出会いや共に出掛けた採録旅行などについて綴り、〈ネ氏からは、かれこれ十年近くも音信もなく、私から送った雑誌や書籍も届いたのかどうか沙汰もない。そればかりか其の後のソ聯の国情では、健在か否かそれすらも判然しない。従って、斯うして本書をネ氏に捧げた処が、果してどこで読んでくれるか、心元ない限りであるが……〉[2]と案じた。

　1953年にスターリンが没し、1957年、ネフスキーは名誉回復した。『西夏言語学』(1960)が刊行され、レーニン賞が授与された。日本文学・言語学者のL.L. グロムコフスカヤが『アイヌ・フォークロア』(1972)[3]と『宮古諸島のフォークロア』(1978)[4]を編集・刊行し、彼女と西夏学者E.I. クィチャノフが共著で『ネフスキー伝』(1978)[5]を刊行した。

　日本ではソ連よりいち早く、ネフスキーが日本に残した論文や書簡をまとめた『月と不死』(1971)[6]が『民族』の編集者・岡正雄の編集、加藤九祚 (1922〜2016) の解説「ニコライ・ネフスキーの生涯」で刊行された。

　加藤氏がネフスキーについて調べるようになったきっかけは、ロシア語書店で偶然見つけたE.I. クィチャノフ著のネフスキーの小伝『文字のみが語る』[7]であった[8]。氏は、さらに日本の北から南までネフスキーの足跡を追い、1976年、伝記『天の蛇』を刊行した。氏を突き動かしたもの、それは柳田国男や折口信夫らに高く評価されたネフスキーの研究だけではなかった。

　氏は〈私はネフスキーの一生のうちに、個人の意志ではどうすることもできない「有為転変」、さらには二十世紀前半の人類のかなりの部分が経験せざるを得なかった悲劇の一典型を見る思いがするからであ

る〉と「はしがき」に綴っている。加藤氏も戦後5年間のシベリア抑留を体験をされた。ロシア語は、その間に習得したのである。

　伝記が伝えるネフスキー夫妻の没年は名誉回復時の公式記録の1945年、死亡地や原因は不明。娘のエレーナ・ネフスカヤさんは政府から病死と聞かされた。彼女は信じず、死の真相を探し続けた。真実が明らかになったのは、ペレストロイカ（政治改革）で情報公開が進んだ1991年2月。彼女は自らの手で捜査書類を開き、両親は1937年11月24日、日本のためのスパイ活動の罪状で銃殺されたことを知った[9]。

　ネフスキーの先輩の言語学者E.D.ポリワーノフの最期も様々に伝えられてきた。彼はネフスキーと同様、1937年に逮捕され、1938年に日本の諜報機関の手先の罪状で銃殺されたという。

　1991年12月、ソ連が崩壊した。埋もれていたネフスキーの研究が蘇った。「N.A.ネフスキーの琉球諸島の民族学未刊資料」(1994)で「ムナイ」「（宮古の）病気治療」「神酒（みき）」の3論文[10]が発表された。また『ペテルブルグの東洋学』(1996)で彼の論文や書簡が一挙に掲載された。宮古関係の論文は「宮古の地理的位置、公的地位及び言語の概要」「天の蛇としての虹の観念」「（宮古の）病気治療」「音素p考」「報告〈日本-琉球語の音声システムにおける宮古の音声組織〉の本旨」「月と不死」「美人の生まれぬわけ」の7論文[11]である。


## 4．宮古に帰ったネフスキー　──『宮古のフォークロア』『方言ノート』

　1998年秋、ネフスキーが宮古島に帰ってきた。ソ連で編纂された『宮古諸島のフォークロア』(1978)[1]が日本語版『宮古のフォークロア』[2]になって帰ってきた。序章に綴った場面である。

　日本語訳に携わった言語学者・狩俣繁久教授は、ネフスキーの音声記号による「ことば文化」の記録方法は、消滅の危機がある方言の最適な記録方法であると評価し、〈とりわけ、宮古方言のような、日本語標準語とおおきくことなる音韻体系をもつ方言は、ひらがなやカタカナの

ような音節文字では音声を正しく記録することができないから、なおさらである〉[3]と記している。

　また、ネフスキーが歌や物語を名詞に性と単数複数の区別があるロシア語で訳したことにより、日本語では不明確な内容の理解が可能になったと述べている。例えば、アヤゴ《川満村》に歌われている機織り役人「布佐事<small>ヌヌサズィ</small>」が一人の女性であることが判明した。

　ネフスキーが大学ノート十数冊に手書きで記録した「宮古諸島方言研究資料」[4]（以下「方言研究資料」）も帰ってきた。情報公開など政治体制の改革（ペレストロイカ）を提唱したゴルバチョフ大統領の1991年の来日を機に、早稲田大学に寄贈されたマイクロフィルムのコピーである。

　ネフスキーは1921年12月31日の日記[5]（3章6）に〈……10時半、上運天、来訪。まず、辞書のための語彙の筆録［約30語］〉と記している。この頃、既に「辞書」を編む準備をしていたのである。

　その後、3回のフィールドワークや島民から手紙で得た方言が加わり、「方言研究資料」の総語彙数は約5500となった。方言はアルファベッド順に並べられ、国際音声記号を基に表記され、日本語、ロシア語、時に英語の説明が付されている。内容は語源から社会制度、祭祀、風習、食物、道具、動植物など広範囲にわたる。

　植物の説明の多くには利用法や学名（ラテン語）などが記されている。一例に〔ȝïpana (Sa)［ズィパナ］千茅ノ根ヲイフ、畑ノ雑草ナリ、又ハ山野ニ自生ス、咳ノ薬トシテ煎服ス『國仲』Imperata arundinacea〕。

　上記の (Sa) は佐和田を示す。他に (Saraha) 佐良浜、(Ps) 平良、(Kaz) 狩俣、(Ta) 多良間、(Com) 全島共通など、宮古諸島内だけでも20余の地名と語形が記されている。また (Ya) 八重山、(Oki) 沖縄島、(RK) 琉球全般、喜界島、大島、(Jap) 日本、東北地方、アイヌ語、さらに (poet) 歌謡語なども記されている。「方言研究資料」の大きな特徴である。

　情報源として書き込まれた名から、ネフスキーが出会った人々や文献が立ち上がる。最多は『國仲』（国仲寛徒）の約355（以下、概数）、続いて『混効験集』150、『Tajima』（田島利三郎）130、『おもろさうし』45、「宮良當壮」32、『物類称呼』（江戸時代後期の全国の方言辞書）25、『南島八重垣』

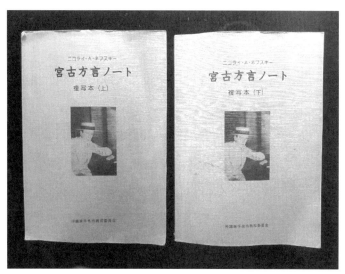

『宮古方言ノート』(上)(下)2005年 ⑵ ②

(明治初年の琉球語彙) 12、『和妙抄』(平安時代中期の辞書) 11、以下、『万葉集』『古事記』などが続く。チェンバレンやシーモンの名、比較的新しい奥里將建の『琉球人の見た古事記と万葉』(1926) なども記されている。

　「方言研究資料」はネフスキーにとって、論文のためのデータのファイルでもあった。〔baka-mïsï 若水〕に記された〈平良村ノ富盛寛卓氏ノ話〉〈多良間島、垣花春綱氏ヨリ聞イタ話〉は、論文「月と不死」にほぼ同じ形で綴られた。〔ŋ-kïï　神酒（ミキ）〕に記された国仲と田島の情報、『混効験集』、『おもろ』、中国の『咸賓録』などは全て論文「神酒」[6]に引用されている。

　「宮古諸島方言研究資料」は、2005 年に『宮古方言ノート上・下』として平良市 (現・宮古島市) から刊行された。これが「(宮古の) 病気治療」[7]の呪いや歌を解き明かしてくれた。頁を開けば、この先何年の後もネフスキーがその耳で捉えた宮古の言葉や歌、呪いが聞こえ、その目で見た宮古の景色が広がるだろう。

## 5．生誕120周年サンクトペテルブルグ国際シンポジウム
## ──蘇るネフスキー

　ネフスキーの生誕110年に当たる2002年3月、ネフスキーが上陸した平良港（旧・漲水港）を見下ろす高台で「宮古研究之先駆者　ニコライ・A・ネフスキー之碑」の除幕式が行われた。ネフスキーの娘エレーナさん（74歳）と彼女の孫ヤーナさんもロシアから参列した。式の後、参加者は80年前にネフスキーが泊った宿や漲水御嶽に続く石畳の「ネフスキー通り」を歩いた

　2004年1月、私はサンクトペテルブルグ郊外のアパートにエレーナさんを訪ねた。彼女は、ネフスキーが幼年期を過ごした地の『ロシア歴史協会ルィビンスク支部通報』2号（2003）[1] を下さった。それはネフスキーの宮古研究やエレーナさんが明らかにした両親の死の真相、そして2002年の彼女の平良市訪問を報じていた。

　2012年10月、雪が舞うサンクトペテルブルグはネヴァ川沿いのロシア科学アカデミー東洋古籍文献研究所（旧・東洋学研究所）で、ネフスキーの生誕120周年国際シンポジウムが開かれた。ネフスキーが帰国後、研究員として働いたこの建物は、琉球に寄港したプチャーチン提督率いる艦隊を派遣し、日露和親条約（1855）を締結させたニコライ1世が息子のために建てた宮殿である。主会場は緑色の壁に金箔模様の壁、高い天井にはシャンデリアが煌めく。

　『宮古のフォークロア』の日本語訳[2]に携わった狩俣繁久教授は、伝統的な言葉や歌が失われつつある宮古におけるネフスキーの研究の重要性を述べられた[3]。『天の蛇』[4]の著者・加藤九祚氏は、ネフスキーが恩師シュテルンベルグから伝授された研究方法は、シュテルンベルグが師の東洋・考古学者V.ラドロフ（1837〜1918）から引き継いだものであると論じられた[5]。私はネフスキーの宮古研究と先輩ポリワーノフの論文、ドイツ人ウィルトの論文の関係を発表した[6]。

　同研究所の一隅の寒々とした資料室でフォンド69、通称ネフスキー

『ロシア歴史協会ルィビンスク通報』2号　2003年（表紙と扉）

文書[7]を閲覧した。リスト1は西夏語資料。リスト2は1913年から1937年までの資料である。内訳は日本関係65点、アイヌ58点、琉球14点、八重山3点、ツォウ20点、中国・朝鮮・チベット11点、雑録22点、雑件2点、教材3点、テキスト6点、刊行物資料12点、宮古は最多の86点である。

　リストに記載された資料から選択し、閲覧を申し込む。閲覧数は限られ、コピーや写真は不許可である。小樽高商のノートや、冬の日記の原本の一部を書き写した。ギッシリ書き込まれた宮古方言の学習内容は、宮古諸島に渡るまでのネフスキーの不断の努力と綿密な準備を物語っていた。

　ネフスキーの「抜書き」は、新たな事実の宝庫であった。『混効験集』の抜書きは、彼がこれを読み通したことを示していた。『風俗画報』（『沖縄風俗図絵』）の「宮古島言語」[8]（2章2）について、私はネフスキーとの関わりどころか、その存在さえ知らかかった。「宮古島言語」や「田島の本の抜書き」などは時間の制約から内容を十分に閲覧できなかったことが残念である。

　資料室の窓の下に灰色のネヴァ川が流れている。窓際に立ち、宮古ブルーの海に囲まれた島々を想うネフスキーの姿が浮かんだ。

　2013年6月、宮古島で「講演と映像の集い　ネフスキーの見た宮古」が開催され、加藤九祚氏と私が参加した。

「ニコライ.A.ネフスキー之碑」と加藤九祚氏と著者（宮古島　2013年6月）

【第8章　注】

## 1．帰国──活動──日本旅行の申請

1）⑬②78頁
2）(7)N文書のリストの冒頭にネフスキーの署名付きの「履歴書」が付されている。参考：田中水絵　論文3⑱
3）⑩①226〜228頁
4）(1)②「根間の主の歌」の注釈、75頁
5）⑪p.185
6）⑩①253頁
7）(1)②「解説」357〜358頁
8）生田美智子『資料が語るネフスキー』大阪外国語大学、2003年、19頁
9）(5)③
10）㉒78頁

## 2．二つ目の「天の蛇としての虹の観念」──消えた「ムナイ」

1）(5)③
2）参考：塚本善也「ニコライ・ネフスキー遺文抄（五）　ネフスキー「天の蛇としての虹の観念」草稿訳・ロシア語翻訳、および決定稿訳」『ビブリア』第146号、天理図書館、2016年、田中水絵記事⑨「二つあった〈天の蛇〉論文」
3）⑩①262〜265頁
4）(4)①
5）(4)③、(5)④、参考：付録1、田中水絵　論文①
6）(4)②、参考：付録2
7）(5)⑤、参考：田中水絵　論文②

## 3．ネフスキーの死──死の真相──蘇った研究

1）「編者はしがき」(3)5頁
2）⑩①313〜316頁
3）(9)①
4）(1)①
5）⑪
6）(3)
7）Е.И.Кычанов,*Звучат лишь письмена*
8）「解説者あとがき」(3)352頁
9）⑩②334〜335頁
10）(4)①②③
11）(5)②③④⑤⑥⑦⑧

## 4．宮古に帰ったネフスキー ──『宮古のフォークロア』『方言ノート』
1 ）(1) ①
2 ）(1) ②
3 ）(1) ②かりまたしげひさ「宮古研究の先駆者―ニコライ・Ａ・ネフスキー」371 〜 372 頁
4 ）(2) ①
5 ）(6)、参考：田中水絵　論文③
6 ）(4) ②、参考：付録 2
7 ）(5) ④、参考：付録 1、田中水絵　論文①

## 5．生誕 120 周年サンクトペテルブルグ国際シンポジウム ──蘇るネフスキー
1 ）*ВЕСТНИК Рыбинского отделения Русскогоисторического общества,* Рыбинск , 2003
2 ）(1) ②
3 ）(23) 狩俣繁久「琉球語とネフスキーの宮古語研究」
4 ）(10)
5 ）(23) 加藤九祚「ネフスキーとラードロフにおける民族文化の研究方法について」
6 ）(23) 田中水絵「何故、N.A. ネフスキーは宮古諸島を目指したのか―E.D. ポリワーノフと知られざる A. ウィルトの論文に基づく新視点」
7 ）(7)
8 ）(12) ②

# 終章　何故、宮古なのか

　1915 (大正4) 年、ロシアの大学から2年の予定で日本に留学し、日本固有の信仰・神道の研究を始めた23歳のニコライ・ネフスキー。7年後に彼が行き着いたのは遥か南の宮古諸島であった。

　何故、宮古なのか。その答えを求めて彼の足跡を辿った私が見たのは、大学時代の恩師、民族学者・L. シュテルンベルグの教えという羅針盤に導かれて進むネフスキーの姿である。恩師は民族学で重要な研究は信仰と社会の関係であり、必要な研究方法は民族学と言語学の両面からのアプローチである、と教えた。

　ネフスキーは神道研究の目的を〈神話創造の中心の探索〉とし、古今の文献を読んだ。その頃、ネフスキーが師事した柳田国男や折口信夫は、琉球諸島を「天然の古物博物館」に例えた伊波普猷の『古琉球』(1911)に関心を寄せていた。彼らは琉球の信仰に日本の信仰の原形を見出し、数年後、沖縄島に向かう。

　1917年、ロシア革命が勃発し、ネフスキーは帰国を断念。そのような状況で『古琉球』と出会った彼が注目したのは「日本の上古の言葉を遺す」琉球語であった。彼は研究対象の言語を徹底的に学べという師の教えに従い、『万葉集』を折口に、『古琉球』再版 (1916) 付録の琉球古語辞典『混効験集』を東恩納寛惇に学んだ。伝記『天の蛇』の著者が「何故、宮古なのか」という問いに〈柳田国男や折口信夫、さらには沖縄出身の東恩納寛惇や伊波普猷らの影響によることは疑いないところであろう〉と答えた所以であろう。

　ネフスキーにとって、これらの学習は宮古研究の準備であった。彼は既に琉球諸方言の中でも宮古方言に着目していたのである。情報の源は、彼だからこそ読んだ大衆紙『沖縄風俗図絵』(1896)の「宮古島言語」と、彼だからこそ入手できた先輩E.D. ポリワーノフの「日琉語比較音韻論」(1914) である。ポリワーノフは知られざるドイツ人A. ウィルトの「新琉球諸方言」(1900)から特に宮古方言を引用していた。これらの文献は、

宮古方言に日本の古語や古音が多く遺っていることを語っていた。

　宮古研究を志したネフスキーは、先島地誌を読んだ。1919 年の夏、小樽の高校に就職すると、上京して宮古出身の上運天賢敷に宮古方言を学んだ。小樽で始めた東北のオシラ神やアイヌのフォークロアの研究でも、『おもろさうし』など琉球の古文献に記された信仰と共通するシャーマニズムやアニミズムに関心を払った。

　1922 年の夏、ネフスキーは宮古へ旅立った。フィールドワークは文献と並ぶ彼の研究の柱である。オシラ神研究でもフィールドワークを行ったが、東北地方の地勢や著しい変化が研究を難しくした。しかし、海に囲まれ、長い間、人頭税により自由な移動が禁止された宮古の島々では、シマ（村落共同体）ごとに、それぞれの言葉や風習が受け継がれていた。

　ネフスキーは難儀な船旅を物ともせず、1926 年、1928 年にも宮古に渡り、シマを巡り、言葉やフォークロア、風習を聞き集め、記録した。国仲寛徒や慶世村恒任、前泊克子ら島民の協力も大きな力となった。

　豊かなフォークロアの中でネフスキーが特に注目したのは、綾なる古語で紡がれた歌・アヤゴであった。シマごとに、それぞれのアヤゴがあった。沖縄図書館には田島利三郎が書き写した『宮古島旧記』（18 世紀）のアヤゴと、田島が採録した「宮古島の歌」（1897）があった。シマによる違い、時代による変化を刻むアヤゴは言語学者ネフスキーを魅了した。

　神カカリャ（霊能者）には会えなかったが、日本で失われた信仰や風習を伝えるアヤゴを聞いた。南国の酒造の方法や北国の鷲信仰との繋がりを暗示するアヤゴもあった。それらは〈日本民族の起源に（少なくとも古代史に）光を当てること〉を目指して〈神話創造の中心の探索〉を続ける民族学者ネフスキーを魅了した。『ネフスキー伝』の著者が「何故、宮古なのか」という問いに〈神話創造の中心を探し続ける者にとって、宮古は「約束の地」なのだろう〉と答えた所以であろう。

　1929 年、ネフスキーは帰国した。祖国では宗教が否定され、教会は破壊された。彼は琉球・宮古研究を続けるために日本への出張旅行を願

い出た。この時、いや、古の信仰やフォークロアが生きている島々を巡った時から、宮古に祖父の教会やフォークロアを聞き集めた村があった故郷を重ねていたのではないか。

　ネフスキーの4回目のフィールドワークは叶わなかった。だが、それから1世紀が経とうとする今、国内外の民族学者や言語学者が宮古諸島でフィールドワークを行っている。上空では島と本土を結ぶ直行便が飛んでいるが、御嶽では祈りが捧げられ、街ではどこからともなくアヤゴが聞こえてくる。

■主要参考資料・文献

## A. N.A. ネフスキーの宮古研究関連資料・文献

(1)① Н.А.Невский,*Фольклор островов Мияко*,сост.Л.Л.Громковская. Наука,1978
（『宮古諸島のフォークロア』ナウカ、1978 年）

② ニコライ.A. ネフスキー著、リジア・グロムコフスカヤ編『宮古のフォークロア』狩俣繁久　他 5 名共訳、砂子屋書房、1998 年（①の日本語訳）

(2)① *Матерьялы для изучения говора островов Мияко*（「宮古諸島方言研究資料」）

②『宮古方言ノート』上・下、2005 年、沖縄県平良市教育委員会(①のコピー版)

(3) N. ネフスキー、岡正雄編『月と不死』東洋文庫 185、平凡社、1971 年

① 「農業に関する血液の土俗」『土俗と伝説』第一巻二号、1918 年

② 「アヤゴの研究」『民族』第一巻二号、1926 年

③ 「アヤゴの研究二篇」『民族』第二巻一号、1926 年

④ 「美人の生れぬわけ」『民族』第二巻二号、1927 年

⑤ 「宮古島子供遊戯資料」『民族』第二巻四号、1927 年

⑥ 「琉球の昔話　『大鵄の話』の発音転写」『音声の研究』第一輯、1927 年

⑦ 「故シュテルンベルグ氏」『民族』第三巻二号、1928 年

⑧ 「月と不死」『民族』第三巻二号、1928 年

⑨ 「月と不死（二）」『民族』第三巻四号、1928 年

⑩ 田島利三郎筆記　ネフスキー訳「狩俣の……」

⑪ 田島利三郎筆記　ネフスキー訳「豆が花のアヤゴ　他」

⑫ 書簡

(4)"*Неопубликованные Материалы Н.А.Невского по этнографии островов Рюкю*", сост. А.М.Кабанов,*Кунсткамера*(*Этнографические тетради,*) вып.4, 1994（「N.A. ネフスキーの琉球諸島の民族学未刊資料」A.M. カバノフ編『クンストカメラ（民族学ノート）』4 巻、1994 年）

① *"Мунаи"*（「ムナイ」）

② *"Мики"*（「神酒」）

③ *"Лечение болезней [наМияко]"*（「（宮古の）病気治療」）

133

(5) *Петербургское Востоковедение,*вып.8, Центр Петербургское Востоковедение,1996 (『ペテルブルグの東洋学』8 巻 1996 年)

① *"Краткий отчет о занятиях в Японии с 1-го декабря 1915-го по 1-е декабря 1916 года,представленный Императорскому Петроградскому университету"* (「1915 年 12 月 1 日から 1916 年 12 月 1 日までの日本における研究に関する帝国ペトログラード大学への簡略報告」)（※略「大学への報告」）

② *"Общие сведения о географическом положении, официальном статусе и языке Мияко"* (「宮古の地理的位置、公的地位及び言語の概要」)（※略「宮古の概要」）

③ *"Представление о радуге как небесной змее", С.Ф.Ольденбургу.К 50-летию научно-общественной деятельности.* Л .,1934 (「天の蛇としての虹の観念」『オリデンブルグ学術・社会活動 50 周年記念論文集』1934 年)

④ *"Лечение болезней [наМияко]"* (「（宮古の）病気治療」)

⑤ *"О фонеме р"* (「音素 p 考」)

⑥ *"Основные положения к докладу《Фонетика Мияко в японско-рюкюской фонетической системе》"* (「報告〈日本 - 琉球語の音声システムにおける宮古の音声組織〉の本旨」)

⑦ *"Луна и бессмертие"* (「月と不死」)

⑧ *"Почему перестали рождаться красавицы"* (「美人の生まれぬわけ」)

⑨ Письма （書簡）

(6) *"Дневник Н.А.Невского(фрагмент)",Восточная Коллекция,*ФГБУ ,Российская государственная библиотека,осень,2012,No.3(50) (「N.A. ネフスキーの日記（抜粋）」『東洋コレクション』秋、No.3（50）2012 年)

(7) фонд69,Институт Восточных рукописей(フォンド 69、ロシア科学アカデミー東洋古籍文献研究所)（※略 N 文書)

(8)天理図書館所蔵

① *"Представление о радуге как небесной змее"*1922 (口頭発表原稿「天の蛇としての虹の観念」1922 年)

②伊波普猷のネフスキー宛て絵葉書

## B. N.A. ネフスキーのアイヌ研究関連文献

⑼ ① Н.А.Невский, *Айнский фольклор,* сост. Л.Л.Громковская ,Наука,1972（N.A. ネフスキー『アイヌのフォークロア』L.L. グロムコフスカヤ編、1972 年）

　② ニコライ・ネフスキー、エリ・グロムコフスカヤ編、魚井由一訳『アイヌ・フォークロア』北海道出版企画センター、1991 年（①の日本語訳）

## C. 伝記

⑽ ①加藤九祚『天の蛇―ニコライ・ネフスキーの生涯』河出書房新社、1976年

　②加藤九祚『完本　天の蛇―ニコライ・ネフスキーの生涯』河出書房新社、2011 年

⑾ Л.Л.Громковская,Е.И.Кычанов, *Николай Александрович Невский*（L.L. グロムコフスカヤ、E.I. クィチャノフ『ニコライ・アレクサンドロヴィチ・ネフスキー』1978 年）（※略『ネフスキー伝』）

## D. 関連資料・文献

⑿ ①『風俗画報』東陽堂（東京）1889 ～ 1916 年（全 478 号）

　②臨時増刊『沖縄風俗図絵』117 号、1896 年

⒀ ①田島利三郎、伊波普猷編『琉球文学研究』青山書店、1924 年

　②田島利三郎、解題　山下重一『琉球文学研究』第一書房、1985 年

⒁ ①伊波普猷『古琉球』第一版　沖縄公論社、1911 年

　②伊波普猷『古琉球』第二版　糖業研究会出版、1916 年

⒂ 宮良當壮『宮良當壮全集　20　日記抄』第一書房、1984 年

⒃ 山下邦雄編著『敬神家　國仲寛徒翁小傳』竹雅翁傳記刊行会、1933 年

⒄ 国仲穂水「わが家におけるネフスキー」『研究余滴』球陽研究会、1969 年

⒅ Basil Hall Chamberlain. *"Essay in Aid of a Grammar and Dictionary of the Luchuan Language" ,Transactions of the Asiatic Society of Japan,*Vol.XXIII Suppl.1895（バジル・ホール・チェンバレン「琉球語の文典及び辞書の補助としての試論」『日本アジア協会紀要』第 23 巻付録、1895 年）

⒆ Dr.A.Wirth *"Neue Liu-kiu-Mundarten", Zeitshrift für Afrikanische und oceani-
sche Sprachen,* Berlin.1900（アルブレヒト・ウィルト「新琉球諸方言」『アフリカ
及びオセアニア言語雑誌』ベルリン、1900 年）ボン大学近現代日本文化センター
所蔵

⒇ Е.Д.Поливанов.*"Сравнительно фонетический очерк японского и рюкюского
языка",Записки Восточного отделения Императорского Российского
археологического общества,* Т.22. В ы п.1-2, 1914 , С.Петербург（E.D. ポリ
ワーノフ「日琉語比較音韻論」『ロシア帝国考古学協会東洋部紀要』第 22 巻、
サンクトペテルブルグ、1914 年）東京外国語大学図書館八杉文庫所蔵

㉑ エ・デ・ポリヴァノフ「日琉語比較音韻論」吉町義雄訳『日本列島方言叢書
⑳ 琉球方言考③』ゆまに書房、2001 年

㉒ ウラジーミル・ミハイロヴィッチ・アルパートフ『ロシア・ソビエトにおけ
る日本語研究』下瀬川慧子 他 2 名共訳、東海大学出版、1992 年

㉓ *Николай Невский:жизнь и наследие,Сборник статей,*Филологический
факультет Санкт-Петербургского государственного университета, Санкт-
Петербург, 2013（『ニコライ・ネフスキー：生涯と業績』［生誕 120 周年国際シ
ンポジウム］論文集』国立サンクトペテルブルグ国立大学言語・文学部、サン
クトペテルブルグ、2013 年）

■田中水絵　ネフスキー関連論文

## 1．宮古研究関係

① 「N. ネフスキーの宮古研究の道程―論文〈宮古における病封じ〉を中心に」
『沖縄文化』第 40 巻 2 号、沖縄文化協会、2006 年

② 「論文〈音素 p 考〉に探るネフスキーの宮古研究の道程」『沖縄学研究所紀
要　沖縄学』第 10 号、沖縄学研究所、2007 年

③ 資料で辿るネフスキーの宮古研究　―第 1 回採訪まで―」『沖縄文化』第
49 巻 1 号、沖縄文化協会、2014 年

④ *"Почему Н.А.Невский отправился на острова Мияко? Новый взгляд
исхозя из работ Е.Д.Поливанова и неизвестной статьи А.Вирта."*（「何故、

　　N.A. ネフスキーは宮古諸島を目指したのか。E.D. ポリワーノフと知られ

　　ざる A. ウィルトの論文に基づく新視点」）⑵⑶

2．『琉球新報』掲載記事（概要）

　⑤2000．7.11「沖縄と世界　12　ロシア艦パルラダ号の来琉」

　⑥　　　　7.14「沖縄と世界　21　ロシアの東洋学者ネフスキー」

　⑦2001．6.27「ネフスキーの残したもの　上　知られざる資料に光を」

　⑧2004．1.28「知られざる資料にみるネフスキーと沖縄の研究者　一上」

　　（宮良當壮）

　⑨　　　　1.29「中」（二つあった「天の蛇」論文）

　⑩　　　　1.30「下」（佐喜眞興英）

　⑪2005．8.1「ネフスキーと伊良部の人々　上」（『方言ノート』と国仲寛徒）

　⑫　　　　8.2 「下」（親友・前泊克子）

　⑬2006．3.27「ネフスキーを宮古に誘った人々　上」（ポリワーノフの論文）

　⑭　　　　3.28「中」（ウィルトの論文）

　⑮　　　　3.29「下」（田島利三郎、伊波普猷『古琉球』）

　⑯2016．10.10「加藤九祚先生と宮古島文化―ネフスキーの生涯追う」

3．アイヌ研究関係　『環オホーツクの環境と歴史』サッポロ堂書店　掲載論文

　⑰「ニコライ・ネフスキーのアイヌ研究と知里真志保」創刊号、2011 年

　⑱「ニコライ・ネフスキーが遺したもの―東洋学研究所蔵アイヌのフォーク

　　ロア原稿と折口信夫宛の絵葉書」第 2 号、2012 年

　⑲「ニコライ・ネフスキーが遺したもの　その 2―小樽高商のノート＆ア

　　イヌのフォークロア「雀子」」第 3 号、2013 年

　⑳「ニコライ・ネフスキーが遺したもの　その 3―手稿「椋鳥」第 4 号、

　　2015 年

　㉑「ニコライ・ネフスキーが遺したもの　その 4―手稿「鶯」第 5 号、

　　2022 年

# ■ニコライ・アレクサンドロヴィチ・ネフスキー　年譜

——宮古島研究を中心に

1854（安政元年）　**■ロシア艦隊来琉**

1855　　　　　　**■日露通好条約**

1870　　　　　　ペテルブルグ大学の日本語授業開始

　　　　　　　　田島利三郎誕生

1872（明治5）　**■琉球藩設置**

1876　　　　　　伊波普猷誕生

1879　　　　　　**■沖縄県設置**

1889　　　　　　『風俗画報』創刊

1890　　　　　　J.フレイザー『金枝篇』

1892　　　3月1日　ネフスキー誕生

1893　　　　　　B.H.チェンバレン来琉

　　　　　　　　田島利三郎、沖縄県尋常中学校就職（〜1895『おもろさうし』

　　　　　　　　『混効験集』筆写）

1894　　　　　　**■日清戦争**（〜1895）

1895　　　　　　B.H.チェンバレン「琉球語の文典及び辞書の補助としての

　　　　　　　　　試論」

　　　　　　　　沖縄県尋常中学校ストライキ事件

1896　　　　　　『沖縄風俗図絵』

1897　　　　　　田島利三郎、宮古島で調査

　　　　　　　　A.ウィルト来琉

1900　　　　　　A.ウィルト「新琉球諸方言」（ドイツ）

1903　　　　　　田島利三郎、伊波普猷に研究資料を譲渡し台湾へ

1904　　　　　　**■日露戦争**（〜1905）

1910　　　　（19歳）ペテルブルグ大学東洋学部中国・日本学科入学

　　　　　　　L.シュテルンベルグ教授に学ぶ

　　　　　　　　富盛寛卓（宮古）『郷土誌』

1911　　　　　　伊波普猷『古琉球』

1913（大正2）　柳田国男『郷土研究』創刊

(22歳) 夏約2カ月間、日本で文学の研究

1914　　　　**■第一次世界大戦**（〜1918）

　　　　　　　E.D. ポリワーノフ「日琉語比較音韻論」（ロシア）

1915　(24歳) 春、ペテルブルグ大学官費留学生として来日（東京市）

　　　中山太郎、柳田国男、折口信夫、金田一京助らとの出会い

　　　神道研究

1916　　　　伊波普猷『古琉球』再版（付録：琉球古語辞典「混効験集」）

　　　　　　折口信夫『口訳万葉集』（〜1917）

　　　12月　ペトログラード大学へ「1年間の研究報告」送付

1917　　　　**■ロシア革命・帝政崩壊**

　　　帰国を断念

　　　『古琉球』再版を読む

1918　2月〜4月　折口信夫に『万葉集』を学ぶ

　　　2月　ニコラス・ソスニン（祖父）名で「冠辞異考」『太陽』

　　　8月　折口信夫『土俗と伝説』創刊

　　　8月「農業に関する血液の土俗」『土俗と伝説』

　　　　　　**■8月　シベリア出兵**（〜1922）

　　　東恩納寛惇に『混効験集』を学び、先島地誌4誌を借りる

1919　(28歳) 6月　小樽高等商業学校に就職　歓送会

　　　（夏　上運天賢敷に宮古方言を学ぶ）

　　　10月　東恩納寛惇に『混効験集』学習続行依頼の手紙を送る

1920　東北のオシラ神研究

　　　ねふすきい・にこらい「ろしあの百姓唄」『アララギ』

　　　萬谷イソとの出会い

　　　　　　6月（〜1922年）宮良當壮「八重山諸島物語」

1921　　　　1月〜2月　柳田国男の沖縄旅行

　　　2月　アイヌの歌を採録

　　　3月　折口邸で宮良當壮と会う

　　　　　　宮良當壮「琉球　八重山諸島の民謡（一）」

　　　4月　（東恩納寛惇邸で上運天賢敷に宮古方言を学ぶ）

　　　　　　７月〜８月　折口信夫の沖縄旅行

　　　　12月末〜1922年1月上旬　上京　金田一京助にアイヌ語を学び、
　　　上運天賢敷と下地紹知に宮古方言を学ぶ

1922　　４月　大阪外国語学校に就職

　　　　(31歳) 7月末〜8月中旬　1回目の宮古調査旅行　富盛寛卓、国
　　　仲寛徒らと会う

　　　沖縄図書館で伊波普猷と会う　田島利三郎の「宮古島の歌」閲覧

　　　10月　大阪で口頭発表「天の蛇としての虹の観念」

　　　　　　■12月　ソビエト連邦成立

1923　　２月　京都大学で講演「宮古島の結婚と祭礼」

1924　　　　■１月　レーニン死去、スターリン台頭

　　　　　　伊波普猷編　田島利三郎『琉球文学研究』

　　　　　　宮良當壮「我が古代語と琉球語との比較」

1925　　　　■１月　日ソ基本条約（国交回復）

　　　夏　北京で西夏語研究

　　　　　　９月　柳田国男の講演「南島研究の現状」（啓明会）

　　　　　　宮良當壮「虹考」

　　　　　　佐喜眞興英『シマの話』

　　　　　　伊波普猷『校訂おもろさうし』

　　　　　　シュテルンベルグ「シベリア諸民族の鷲信仰」

　　　　　　11月　柳田国男『民族』創刊

1926　　３月「アヤゴの研究」『民族』
(昭和元)
　　　　　　５月　宮良當壮『採訪南島語彙稿』

　　　　(35歳) 8月初旬〜中旬　2回目の宮古調査旅行　慶世村恒任、
　　　田中春栄らと会う

　　　　　　10月　「音声学協会」創立

　　　10月〜11月　来日した L. シュテルンベルグと再会

　　　11月「アヤゴの研究二篇」『民族』

1927　　１月「美人の生れぬわけ」『民族』

　　　　　　２月　慶世村恒任『宮古史伝』

　　　　5月「宮古島子供遊戯資料」『民族』

　　　　6月　台湾調査旅行

　　　　7月　L.シュテルンベルグに手紙を送る

　　　　　　8月　L.シュテルンベルグ死去

　　　　9月「琉球の昔話『大鵠の話』の発音転写」『音声の研究』

　　　　一時帰国を決意

1928　1月「故シュテルンベルグ氏」『民族』

　　　　1月「月と不死」5月「月と不死（二）」『民族』

　　　　5月　娘エレーナ誕生

　　　（37歳）8月　3回目の宮古調査旅行

1929　　　　4月　折口信夫「若水の話」

　　　　　　6月　伊波普猷、ネフスキーに絵葉書を送る

　　　　6月　萬谷イソとの結婚登録

　　　　9月初旬　単身帰国

　　　　レニングラード大学・東洋学院助教授

1930　ソ連科学アカデミー東洋学研究所研究員

1931　　■9月　満州事変勃発

1932　　■ソ連大飢饉（～1933年）

　　　　日本出張旅行の申請・不許可

1933　（42歳）7月　妻イソと娘エレーナがソ連へ渡航

　　　　　　　宮良當壮「虹の語源説に就いて」

1934　報告「宮古の音声学」「宮古諸島の子音体系」

　　　　「天の蛇としての虹の観念」

1935　「アイヌのフォークロア」

　　　　報告「宮古のフォークロア」

1936　「アイヌ・フォークロア序論」

　　　　　■大粛清（～1938）

　　　　　■11月　日独防共協定

1937　　10月　ネフスキーとイソ夫人逮捕

　　　　（46歳）11月24日　ネフスキー夫妻銃殺される

| | |
|---|---|
| 1938 | E.D. ポリワーノフ銃殺される |

| | |
|---|---|
| 1953 | ■3月　スターリン死去 |
| 1957 | 名誉回復 |
| 1960 | 『西夏言語学』 |
| 1962 | レーニン賞受賞 |
| 1971 | 『月と不死』岡正雄編 |
| 1972 | 『アイヌのフォークロア』L.L. グロムコフスカヤ編 |
| 1976 | 加藤九祚『天の蛇　ニコライ・ネフスキーの生涯』 |
| 1978 | 『宮古諸島のフォークロア』L.L. グロムコフスカヤ編 |
| | L.L. グロムコフスカヤ＆E.I. クィチャノフ『ニコライ・アレクサンドロヴィチ・ネフスキー』 |
| 1985 | ■ペレストロイカ（政治改革）（〜1991） |
| 1991 | 2月　娘エレーナ、両親の死の真相を知る |
| | 「宮古諸島方言研究資料」（マイクロフィルム）日本へ寄贈 |
| | ■12月　ソビエト連邦崩壊　ロシア連邦成立 |
| 1994 | 「ムナイ」「神酒」「(宮古の) 病気治療」『N.A. ネフスキーの琉球諸島の民族学未刊資料』A.M. カバノフ編 |
| 1996 | 「天の蛇としての虹の観念」「音素 p 考」「(宮古の) 病気治療」「月と不死」「美人の生れぬわけ」「宮古の地理的位置、公的地位及び言語の概要」「報告〈日本 - 琉球語の音声システムにおける宮古の音声組織〉の本旨」日本語研究、西夏語研究、書簡類『ペテルブルグの東洋学』8 巻 |
| 1998 | 『宮古のフォークロア』日本語版 |
| 2002 | ネフスキー生誕 110 周年　宮古島に顕彰碑建立 |
| 2005 | 『宮古方言ノート』 |
| 2011 | 加藤九祚『完本　天の蛇　ニコライ・ネフスキーの生涯』 |
| 2012 | ネフスキー生誕 120 周年サンクトペテルブルグ国際シンポジウム |
| 2013 | 『ニコライ・ネフスキー　生涯と業績』（ネフスキー生誕 120 周年国際シンポジウム論文集） |

・(5)④『ペテルブルグの東洋学』所収。田中論文①の改稿。

・〔　〕は(2)②『宮古方言ノート』の引用。(5)④と(2)②の音声表記が異なる場合、(2)②を
　用いた。

・原文の国際音声記号をベースにして表記された語彙は、(1)②『宮古のフォークロア』の
　凡例「音声テキストの音声表記について」を参考に、カタカナで表記した。

・〔　〕は訳者による補筆。

・段落は訳者による。


「(宮古の) 病気治療」

　宮古諸島の辺鄙な地域には医者らしい医者がいない。住民も医者よ
り家伝の療法を好む。その例を挙げよう。

　著しい肉体の衰弱を始め、万病の特効薬は山羊の生血である。飲み
方は甚だ野蛮で、梁に吊るした山羊の首の動脈を刃物で切り、病人は、
その切り口に刺した竹管から熱い生血を吸う。同様な風習は沖縄本島と
周辺諸島にもある。( 参照　末吉安恭『土俗と伝説』(1919)[①]。著者曰
く「其も、當人が気味悪がつたりすると、何等の効果もない、と言ひま
す」)。

　ショービンクズリ〔só:biŋ-kuзuri「小便クヅレ」ノ義。痳病。痳疾〕
にはビワ (沖縄産) の葉とクーリザーター〔ku:ri-зa:ta: 氷砂糖〕、中国茶
を煎じる。

　下地では痳病にマクガン〔maku-gaŋ 蟹ノ一種、宿借蟹ノ成長シ過ギ
テ宿ナク、裸ナルモノ〕を用いる。これは、ッザヤー〔zza-ja: 廃れた
古墓 [ロシア語]〕に多く生息する。平良では、この蟹は効き目抜群の下
剤とされる。平良では軽い便秘にヤギ肉を食べる。

　ナバニャ／ナバニ〔naban'a/nabani 黴毒、梅毒〕(ナ<u>ム</u>バン　あるい
は　ナバン〔nabaŋ 南蠻〕に由来。南方から来た病と考えられている)
には、まず毒を外に出すため、ピンザ〔pinзa 山羊〕を食べ、全身に潰
瘍や腫物ができたら、乾かすために犬肉を食べる。

下地では癩病に、ッサッヴァ／サッヴァ〔ssavva/savva 嬰児、白子ノ意カ〕（直訳は白い赤ん坊）の肉が効くとされ、この地域では嬰児の遺骸が盗まれることがあるという。

　ニツィ〔nicï 熱病（熱、風邪）〕や、ヤキヤム〔jaki-jam 焼病ノ意。熱病〕には、ヤーマヌムマガユースィパイ（ウサ）〔ja:manummaga-ju:sïpaz（ʋsa）八重山ノ老婆ノ小便（草）ノ義〕（山婆の？）という大きな葉の植物を用いる。葉の汁は飲み薬に、残り滓は胸などに貼って熱冷ましにする。

　イガサ〔z-gasa　痲疹〕は成人になって罹ると危ないので、幼時に罹っておくべき病とされ、子供たちは発病した友達の家に遊びに行かされる。発病した子供は裏手の静かな部屋に隔離され、ズィビィラ〔ʒïbïra 韮〕を煎じたズィビィラユー〔ʒïbïra-ju: 韮ノ湯〕を飲み、脂っこい物や肉類を断つ。病人の気が晴れるように歌い、楽器を奏でる。（子供を早期に麻疹に罹らせる風習は北海道の積丹など各地にある。積丹では以前、天然痘も同様であった）。

　ユービィイサク〔ju:bzï-isaku〕（現在は普通、日本語で百日咳と言う）、トーシンバイ（平良）／トーシンバリ（佐和田）〔to:śinbaz/to:śinbal《お多福風》〕、チュラガサ〔ćura-gasa 天然痘〕の治し方については、住民から特に聞けなかった。

　このような「薬」による治療法の他、呪による治し方がある。開発が遅れた共同体では、この方法は薬より効く。

　伊良部島の佐良浜にはズィーユミャ〔ʒï:jum'a 呪ヲ言フテ病気ヲ治スル専門家〕という女性達がいる。彼女達は専らズィーユム〔ʒï:jum 呪ヲ言フ事。呪ヲ言ッテ病気ヲ治スル事〕を行う。伊良部島の佐和田では、ズィ〔ʒï　理屈〕、ユム〔jum 讀ム。言フ。数ヘル。サメザメト泣ク〕から、ズィーユムは理屈を言う、ズィーユミャは理屈を言い聞かせる人という意味になる。佐良浜の住民によると、友人が鹿児島で3年も医者にかかったのに治らないので故郷のズィーユミャの所に行った。ズィーユミャは神秘的な動作をしつつ呪文を唱えた。少し経つと病はすっかり癒えたという。佐和田では呪文をフツィパライ〔fucï-paraz《口伝の祓》〕と言う。

　病の原因を知りたい時、佐良浜を始め宮古諸島の住民は女性霊能者 (現在、佐良浜には男性霊能者もいる) の所に行く。霊能者はムヌスィ〔munusï「物知」ノ意。巫女ノコト〕、カムカカリャ〔kam-kakar'a 神懸者、巫女〕、カムティツァ〔kam-tića　巫 (神祈者ノ意)〕(下地の方言。語源不明。語頭は明らかに「神」) などと呼ばれる。

　霊能者は自分に神を下ろし、責め咎める言葉をのたまう。病人や親族は、それにより病の原因を知る。原因の多くは、おろそかにされた神々や殺傷殴打された生き物のタタリ〔tatal 祟リ〕(平良ではタタイ〔tataz 祟リ。鬼神ガ禍ヲナスコト〕＝日本語　タタリ) による。これは「報復」とでも訳そうか (ヨーロッパ言語には的確に訳せない)。

　霊能者は病の回復期も告げる。その際、霊能者はマヴガム〔mav-gam 守神。守本尊〕を祀るように指示することがある。人々はニバンザ〔ni-banʒa 二番座」の大井よりやや低い所にマヴガムのための特別な棚を造り、先祖を祀るのと同じように (どの家にも先祖を祀る特別な祭壇がある)、酒や茶、花を供える。マヴガムを祀る役は女性に限られる。マヴガム (または単にマヴ) が、その家の住人にもたらす御利益は、「マッヴァ　トゥモーシーカラドゥ　マサスフ　ナリューイ〔mavva tumo:śi:karadu masasfu nar'u:z〕(守神をお招きしたら、なんと重荷が下りたことか)」という、よく使われる言回しが示している。

　私は佐良浜に短時間しかいなかったので、ズィーユミャの呪文を記録できなかった。カムカカリャには、どんな所でも会えなかった。現在、霊能者の活動は住民に迷信を根付かせるとして禁止され、警察の監視下にあるので、見知らぬオランダ〔uranda〕(本来はオランダ人、琉球では西洋人) を極端に避け、密かに続けている仕事をあくまで否定するのである。

　平良の住民は普通、カムカカリャに金品で礼をするが、佐良浜ではズィーユミャやムヌスィに金を払わない。「彼女たちも我々も同じ人間だ。彼女らが家を建てる時などは喜んでタダで助けよう。彼女たちも我々をタダで助けるべきだ」と考えているのだろう。

　広く知られている呪文や呪術的な行為に、次のようなものがある。

平良の東仲宗根では子供が腹痛を起こすと、母親は腹を撫ぜながら、「パギィフスン　ナリ　ピィサフスン　ナリ〔pag'ï-fusun nari psa-fusun-nari〕（足糞になれ、〔足糞〕になれ）」と言う。

　同じ状況で多良間島の仲筋の母親は「バガ　ンガディー　カラディーシーナディバ　アスィフシュ　ピィサフシュンケー　ナリートゥビィ〔baga ŋgadi: karadi:si:nadiba asïf ̣ṣu psa fṣuŋke: nari:tubï〕（〔我ガ〕苦い手　辛い手で撫でたら、〔足糞〕、〔足糞〕になって逃げろ）」と唱える。一体、誰を足に、足糞に変えるのか。

　佐和田（伊良部島）の呪文がこの問いに答えてくれそうだ。腹痛を起こした者は、ズィーパ〔ȝïpa《簪》〕や、カタナ〔katana 刀。短刀。包丁。ナイフ〕、ムプリャ〔m-pur'a 農具ノ名。甘藷ヲ掘取ルニ用フ。其ノ形匙ノ如シ〕など鋭い物を持ち、尖った部分に何度か息を吹きかけ、腹の上で様々な方向に動かしながら次のように言う。「バガ　パラーバ　パズィンカイ　スィムンカイ　ウリーピャリ　マ　ヌキル　マ　ヌキル　グーグーツィツィツィ　ムミャユカリム　baga para:ba paȝï-ŋkai sïmu-ŋkai ur'i:p'ari ma nukiru ma nukiru gu:gu: cïcïcï mm'a jùkalm　（〔私ガ拂フカラ　足（ノ方）へ下（ノ方）へ下リテ往ケ〕〔魔〕よ、消え失せろ！魔よ、消え失せろ！そうだ、そうだ、突いてやる、突いてやる、〔もう宜しい〕）」。

　下地の上地の子供は腹を痛めた友達に向かい、声を合わせて次のように歌う。「アガイタンディ　ヨーヌ　バタヌドゥ　ヤム　クース　ファーイ　マサリードゥ　ヤム　トゥナカ　ファーイ　ヌアイドゥ　シー　ガキィ　バタガマ　agai-tandi jo:nu batanudu jam kusu fa:i masari:du jam tunaka fa:i nùazdu si: gak ̌ï bata-gama（〔アラマア！〕〔腹〕が〔痛い〕！〔胡椒〕を食べた、もっと痛い、〔卵〕を食べた、治った、〔餓鬼〕のようにいやしい腹め！）」。この歌は腹痛の治し方を示している。まず病人に胡椒を与え、痛みが増したら鶏卵を与えると、じきに治るのである。

　東仲宗根（平良）では魚の骨が喉に引っ掛かると、物を掬う形にした掌に3回息を吹き掛け、喉を撫ぜながら唱える。「アタッフ　アタッフ　タンタ　タンタ　アタッフヌ　ヌドゥンナ　タンタヌ　ヌドゥン

ナ　プニャー　カカラン　プニャー　カカラン atahfu atahfu tanta tanta atahfunu nudunna tantanu nudunna〔pun'akakaraŋ pun'akakaraŋ〕（アタッフ　アタッフ！タンタ　タンタ！アタッフの〔咽喉〕には、タンタの咽喉には〔骨〕は掛からない、骨は掛からない）」。この呪文を教えてくれた富盛寛卓によると、アタッフは大きな鵜に似た、魚を食べる川鳥あるいは海鳥で別名タンタ。一方、佐良浜の漁師は、タンタはワシに似た、大きな魚でも食べてしまう巨大な鳥で、アタッフは「腹いっぱい食べる」（日本語のタラフク）の意味だと言う。

　この呪文を唱える時、前述の佐和田と同様に息を吹き掛ける。このように息を吹き掛けたり唾を吐くことが病気や悪霊の企みに対する強力な対抗手段であるという迷信は、世界の多くの民族に広まっていることに注目したい（参照　W. ヴント②『神話と宗教』）。

　しゃっくりが止まらない時、下地（平良でも）水を入れた茶碗の上にウミスィ〔umi・sï 御箸〕、または二本の細い棒を十字形に置き、棒で分けられた茶碗の各部分から一口ずつ飲む。

　嚏をすると、居合わせた人々はクスィキャ〔kusïk'a 嚏〕と言う（日本の多くの地域では　ハクショ）。所によっては、嚏をした子供自身はクスと言い、母親や居合わせた人々はウヤキ〔ujaki 富メル、富豪ナル。財宝ニ富メルヲ云フ〕と言う。

　沖縄本島では嚏をすると、居合わせた人がクスクウェ（糞食え！と同音）と言う。以下は、この言葉の起源についての説話、佐喜眞興英「ハックショウッの由来」（『南島説話』1922 年、炉辺叢書、郷土研究社）〔訳を省略〕。北海道の積丹でも嚏をすると、居合わせた人々はクスクリャ 「糞を食らえ」と言う。

　これらのクスィキャ、クス、クスクウェ、クスクリ［ャ?］などは、明らかに擬音（日本語のクシャミ）から発している。嚏をすると霊魂が体を離れるので、悪霊にとって霊魂を盗むチャンスと考えられているのである。嚏の音とクス（糞）という語の音の類似が前述の呪文を生んだ。迷信では呪文は、その魔力で悪い力に対抗するのである。

　日本には夜、寝間に忍び込んだ泥棒が身を守るため、床に糞便を残

すという風習があるが、ヨーロッパの泥棒も同様のことをする（参照 W. ヴント『神話と宗教』）。私達が集めた例では、嚔の際のクスなどの言葉は本物の糞の代わりである。本物の糞は「人間が外部に排出、または体から離したものは、すべて霊力を内包する」（W. ヴント）ように、他の霊の悪い力に対抗し、打ち勝ち、あるいは悪い力を弱らせる。

　病気と直接の関係はないが、死や地震などの不幸を避けるために唱えられるツィカツィカ〔cïka-cïka〕という呪文を挙げよう。日本語のクワバラ（桑原）に当たる（日本では一般に桑の木は悪霊の力を消し去る魔力を持つと考えられている）。

　ユーラ／ユーウラ〔ju:ra/ju:ura 夜占〕というものもある。家族に病気や結婚など重大事が起きると、宮古島の人々は、カムタナ〔kamtana 神棚。位牌ヲナラベタ棚。二番座ニアル〕の前で御先祖に祈り、コー〔ko: 香。線香〕を焚き、よい策を教えてくださいと頼む。そして、夕方、家から少し歩く間に出会った人々の会話の断片から先祖のお告げを聞き取る。

　古代日本では、同様な占いをユゴトイと呼んだ。伊勢では、人々が帰宅する若い巫女（こら〔子良〕）の会話の断片から占うことを、オイゲヲキク〔?〕と言った。

　　訳注
　　①『土俗と伝説』第 1 巻第 4 号、名著出版　1919 年 1 月（原文では 1918 年 12 月）
　　②W.Wundt（1832 ～ 1920）ドイツの心理学者。


## ■付録２．論文「神酒<ruby>神酒<rt>みき</rt></ruby>」（訳：田中水絵）

・(4)②『N.A. ネフスキーの琉球諸島の民族学未刊資料』所収。（訳：田中水絵）

・編者 A.M. カバノフ氏は、ネフスキーの未完と思われる原文（タイプ原稿）に多少の補足訂正を施したと記している。

・〔　〕は(2)②『宮古方言ノート』の引用。(4)②と(2)②の音声表記が異なる場合、(2)②を用いた。

・原文の国際音声記号をベースにして表記された語彙は、(1)②『宮古のフォークロア』

　の凡例「音声テキストの音声表記について」を参考に、カタカナで表記した、

・［　］は訳者による補筆。

・段落は訳者による。

・原注は 1）、訳注は①で示す。


## 「神酒」

　日本には食事時に飲む米から造った「酒」の他に、神や死者の霊に供える「神酒」、丁寧語の「御神酒」がある。

　「みき」の「み」は古代の尊敬を表す接頭辞、「き」は酒の古代の名称で、「黒酒」「白酒」が『万葉集』『続日本紀』に見られる。

　琉球諸島には、強い米の酒 soiki [1) の他に、次のような形態の miki がある。miki（糸満）、kumi-miki（米のみき　名護）、mikïi（新城）、misï（スィカクシ諸島 [?]）、パティローマ [?]（波照間島）、ŋksɤ [?][[ŋkïi]][1]（主に宮古島）、Ms:ku [?]、mcï（池間島と伊良部島の佐良浜）、ncï（伊良部島の佐和田）など。

　琉和辞書『混効験集』（副題「内裏言葉」つまり宮廷言葉の辞書 [1711) 2) の「おむしやく〔uŋśagu〕」の項に次のように記されている。〈御神酒の事也。むしやく〔ŋśagu〕3)、みき〔miki〕共云。和詞にもみきと云。かみみきと云説あり。「口にて米をかみくたきて昔は酒を作る」と『呉竹集』に見ゆ〉②。首里では行われなくなっても、どこか田舎で大和の『呉竹集』[1673]4) に記されているような酒造りがされていたのであろう。

　琉球国を訪れた中国の使節・陳侃の『使琉球録』(1534) の記述「一晩水に浸した米を女性が噛んで作った酒を miki と言う」5)。宮古諸島では今日も宗教的な祭日に同様な酒造りが行われている。

　日清戦争の頃、宮古島で多くの歌を採録した田島利三郎は、その民謡集6) で ŋ-kïi ③ について次のように解説している。〔神水。白ゲ米［精米］ヲ水ニヒタシ後水気ヲ去リ、臼にて挽キコナシ煮テ糊ノ如くクニシ、サラ塩ニテ口ヲ清メ、更に之ヲカミ砕キテ又水ヲ混ジ瓶ニ入レテ密封スルナリ、大凡五日位ニシテ酒上ルナリ是ヲバ ŋ-kïi ト云フ (Tajima)〕。

　私の 1 回目と 3 回目の宮古旅行時、伊良部村長だった伊良部島佐和田

村生まれの故国仲寛徒は語彙集[7]に ncï について、次のように記している[④]。〔神酒（ミキ）。粟黍ノ粉ヲ粥ニ炊キ女ノ歯ニテ噛ミ之ヲ甕ニ入レテ蓋シテ発酵セシメタルモノナリ。製造セシ日ヨリ三日目カ四日目ニ呑ミ始ム【國仲】（七日目ニナルトモウ過ギマス）〕[⑤]。国仲によると、このような酒は日持ちがせず、7日目にはもう飲めない、つまり酢に変わり始めている。島民によると、粥を噛む女性は普通、性的未成熟の少女が選ばれる[8]。

　古代の風土記（地理・民俗学的な情勢を記した地誌）にも同様な酒造の方法が記されている。〈醸酒　同［大隅国］風土記云。大隅國ニハ一家水ト米ヲ設ケテ。村ニツグメグラセバ。男女一所ニ集リテ。米ヲカミテ酒船ニハキ入テ。チリヂリニ帰リヌ。酒ノ香ノイデクル時。又集マリテ。カミテハキ入レシ者ドモ是ヲ飲ムヲ。名ヲクチガミノ酒［口噛みの酒］ト云フト云云〉[9][⑥]。

　中国の資料『咸賓録』巻5のカンボジアの記述に続く特産品の「美人酒」の説明に〔美人口中含而造之一宿而成［美人が口に含みて一晩で成る]〕[⑦]とある。

　ポリネシアの島々では胡椒の一種の根［カヴァ][⑧]を用いて同様の方法で酒を造る[10]。

　台湾の諸族も今日まで同様な酒造りを続けている。タイヤル族の支族セーデクもしくはスウェーデクの若者ダッキス・ノービン（日本名　花岡一郎）の話によると、パラン（日本名　霧社）の村 Guhu では、噛んだ粟［或いは黍］から酒 punuvawah を造り、病人に飲ませる。女性だけでなく男性も噛む。私も Tapafjt［?］村（阿里山中）の北ツォウ族のところで口噛み酒を飲むことになった。北ツォウ族は様々な祭の折、同じ方法で酒（emi）を造る（私は 1927 年 8 月、年に一度の粟の収穫大祭が始まる時に行った）。

　トフヤ［特富野］出身のウォンギ・ヤタユンガナ（日本名　矢田一生、台南市の師範学校生）から次のような酒造りの話をツォウ語で聞き書きした。「初めに米あるいは粟［黍］を搗き、殻を除いてきれいにし、水に浸し、柔らかくする。それを搗いて粉にし、大鍋で煮、風選の籠に移す。

まず冷やし、次に若い女性たちが一緒に噛む。噛み終わったものを完全に冷し、大きな壺に移し、粉と水少々を加える。それをツォフの葉で覆い、風選の籠などを被せる。日が暮れるにつれ発酵し始め、朝には非常に甘くなる。日中、噛んだものと粉と水を足し、再び注意深く行程を進めると、夕方には又、発酵し始めるが、再度加えたものは、それ程甘くならない。翌朝には非常に強い酒ができ、昼には飲み頃となる。そこで皆を集め、一緒に飲む」。

以上の話を前述の田島、国仲の話と比較すると、台湾のポリネシア系民族と日本―琉球系言語を話す宮古諸島の住人の酒造りの方法は、ほぼ同じであることがわかる。恐らく古代日本でも同じ様な酒造りが行われたことは、上述の大隅（九州）の例が示している。

これで古代に「噛む」が「酒を造る」という意味で使われたことが完全に明らかになった。『日本紀』の崇神天皇8年（紀元前90年）、崇神天皇作とされる歌に〈この神酒は　わが神酒ならず　倭なす　大物主の醸みし　神酒　幾久　幾久〉（この神酒は私の神酒ではなく、大和をお造りになった大物主神が造られた（噛まれた）神酒です。永久に栄えませ）とある。結びの言葉は「お健やかに」や「ご健勝を祝して乾杯」の意味である。

『新撰字鏡』［平安時代の漢和辞典］では漢字「醸」（醸造）の読み方に「佐介加允　（さけかむ）」を当てている。この「かむ（噛む）」から「かもす（醸す）」という言葉が作られ、これが現在まで「酒を造る」という意味で用いられてきた。「かもす」は「かむ」の敬語と考えられる。（比較　聞こす←聞く、知らす←知る）[11]。母音語幹の変化を伴う敬語動詞の形成は、私が知る限り、奈良時代（8世紀）の言葉だけに見られるので、「かもす」は後の造語ではなく、恐らく、この時代に遡るだろう。

穀類を粥状にしたもの噛むという原始的方法で造られた酒は、まったく日持ちがせず（前述の国仲の指摘を参照）、酔う度合が極めて弱いので、未開の小集団が短時間に飲むための少量の酒を造る時にのみ適している。

より良質で日持ちのする酒を多量に造るには、勿論、もっと優れた方

法、つまり麹の使用が必要である。日本人は、この方法もかなり古い時代に、恐らく朝鮮人から教わった。『古事記』の応神天皇時代(270〜310年)の章に、渡来した多数の外国人（主に中国人と朝鮮人）が列挙され、以下の記述がある。「また、酒を醸すことを知る人、名を仁番、又の名を須々許理等が海を渡り来た。須々許理は大御酒を醸して献上した」。

　『日本紀』には以上のことは何も記されていないが、『姓氏録』[815]の酒部公の章に次のような記述がある。「大鷦鷯天皇（仁徳天皇313〜399)[9]の御代、韓国から曽々保利兄弟が渡来した。天皇が二人にいかなる才を持つかと尋ねたところ、酒造りの才があるという。そこで酒を造れと命じた」。

　現代語のko:ʒi[10][麹]（平良、佐良浜方言）はkamći に由来するが、これはkamutaći（『和名抄』に　加无太知）の短縮形である。またしても「kamu（噛む）」という語が出てくるが、ここでは既に「醸造」を意味する。

　恐らく、同じ語根 kam から酒を意味する別の琉球語が派生した。それは『混効験集』に記されている「がめん（gamiŋ）」である。〈神酒之事。がめん粉（gamiŋku）と神酒作る粉之事。神歌御双紙［おもろさうし］にみえたり〉[11]。『おもろさうし』(12巻48)では濁りがなく「kamiŋku[かめんこ]」。

　発展途上にある多くの民族にとって、酒は通常、宗教儀式に欠かせないものであり、本来は祭祀の時にのみ造られた。前述のように、台湾の原住民は粟［黍］や米の収穫祭の時にのみ酒（emi）を造る。今日、彼らが時折、酩酊するために酒を飲むとしたら、それは他の民族、近頃では日本人が持ち込んだ影響であり、このような酒を原住民は eminimaja「日本の酒」と呼ぶ。

　古代日本の祝詞によると、日本人にとっても酒は宗教的なものであり、神に酒を捧げることは、いわば主な穀類である米（米以前は恐らく粟・黍など)[12]の真髄を捧げることを象徴した。

　北海道のアイヌも宗教的な祭日にのみ、日本の酒を買う。彼らの宗教的な観念では、酒とイナウ（削りかけ）が彼らの神が最も喜ぶものであ

る。それ故、彼らは、たまたま酒を贈られた時も、まず、キケウシパスイ⑬と呼ばれる箸［棒酒箸］を酒に浸し、数滴ずつ火や水などに振りかけながら酒を貰ったいきさつを述べ、願い事を歌うように祈る。それから「残り」を飲み干す。

　池間島（宮古諸島）で、ある家に土産の酒を持って行くと、その家の主婦は、まず小さな盃（日本風）に酒を注ぎ、やはり歌うようなリズミカルな調子で私に礼を言い、神々に祈りながら神棚〔kamtana〕⑭に盃を供えた。それから二つ目の盃に注いで自分が飲み、三番目に漸く夫に酒を注ぎ、男性たちに酒瓶を渡した。

　このような例は、多くの民族が宗教的祭と何ら関係のない場合でも、酒を宗教儀式のように扱い続けていることを示している。このことから、何故、日本語の「酒」が尊敬を表す接頭辞「御」を付して「御酒（みき）」となったのかが解る。

　噛むという原始的な酒造りの方法が、より完成された方法になった時、つまり、小さな集団が造った限られた量の「みき」に代わり、新しい大量生産の「さけ」が登場した時、最初の方法は、（今もまだ宮古島で続いているように）小さな社会的集団の祭祀の時にのみ続けられた。さらに（現代日本のように）、「みき」という言葉は（原始的な酒造の方法は絶えたが）、神棚の神や先祖の祭壇に供える酒のことになり、「さけ」は大衆の一般的なアルコール飲料のことになった。とはいえ、酒に対する初期の関わり方は残され、「さけ」は普段の会話では、（合成語を除き）尊敬を表す接頭辞を付けて「おさけ」と言われる。

　酒は薬効があるとされ、琉和辞典『混効験集』の「おくすり（ukusur'i /ukusui）」に〈御酒の事なり〉とある。u［お］は丁寧を表す接頭辞で、kusur'i（kusui）は日本語のくすり（薬）に対応する。宮古島では先祖の神棚に供える酒（saki）を〔gùsi〕⑮と言う。石垣島［八重山諸島］や首里や那覇［沖縄島］でも同じように言うが、こちらでは通常、丁寧を表す接頭辞を付した uguśi である。国頭郡の屋［?］⑯村では uguśi。〔gùsi〕は普通、「五水」と書く（日本語で「ごすい」と読む）。この名称は多分、上述の u-kusur'i(ukusui) に由来する。

153

原注
1）アルコール度数はコニャック［約70度］に近い。日本酒は約11〜17パーセント。
2）琉球で編纂。序文の日付「大清康熙五十年辛卯三月廿四日」は1711年5月11日。副題「内裏言葉」が示すように首里の宮廷言葉の辞書であるが、その他に古代琉球の神歌集 umuru［『おもろさうし』］から多くの古語を収録。
3）宮古諸島の民衆歌［アヤゴ］に酒を意味する msagu が見られる。
4）和歌の表現の解説付きいろは引きの辞書。1673年。
5）大和言葉の辞書『和訓栞』の「くちがみのさけ」の項からの引用。同書に同様な記述が『武備志』にもあると記載。「噛む」という語の記述を比較せよ。
6）手稿（及び写し）は那覇市の沖縄県立図書館所蔵。
7）［伊良部］字・国仲［フムナカ）］の役場所蔵。
8）さらに、m:cï /← m —ncï　という語がある。
　　［訳注　以下、原注とほぼ同じ記述を『方言ノート』から引用］〔m:cï（佐和田）（佐良浜）芋御酒（イモミキ）。甘藷ニテ作リタル御酒。甘藷・麹（大麦ノ麹）ニ水ヲ混ジテ醸シタルモノナリ【國仲】十日目ニハ飲メマス。正月ノ三日カラ十日マデノ間ニ娘ノ女ノ子ノ友達ガ集マル。彼等ニ此ノ mm cï ヲ飲マシマス。呉レル人ガ mmcïmul a:gu ト云フ歌ヲ唱フ。ソシテ女ノ子ガ踊ル。ソノ時ハ彼女ガ juttaki ヲ持ツ〕〔jucïtaki 四ツ竹［カスタネットの一種］〕
9）栗田寛『古風土記逸文』巻之下、1897年、37頁
10）松岡静雄『日本古俗誌』1926年、99頁
11）母音 u から o への変化（或いは i から e、例えば　miru から mesu「見る、見つめる」）は恐らく、u+a=o(i+a=i) という融合から起きたのだろう。従って、動詞 kamosu は *kamu-asu に遡る (kikosu ← kiku-asu, śirosu ← śiro-asu, mesu ← mi-asu)。この asu は動詞「する」（口語 suru、文語 su）に他ならず、宮古方言にこの形がある。


訳注
①(4)②（『未刊資料』）の ɧksï は不詳。『方言ノート』に〔ŋkˇï（平良）神酒（ミキ）〕。
②(4)②は「おむくやく」「uɧśagu」。以下、『方言ノート』〔ŋ-ksï〕の項の『混効験集』の部分を引用（音声記号も）。参考：池宮正治『琉球古語辞典 混効験集の研究』南島文化叢書17、第一書房、110頁
③(4)②は「ɧksï」。以下『方言ノート』〔ŋ-ksï〕の項の（Tajima）の部分の引用。
④『方言ノート』〔ncï〕の項には〔(佐和田、佐良浜) 神酒〕の記述のみ。ネフスキーの引用した部文は〔ŋ-ksï〕の項に記されている。
⑤『方言ノート』〔ŋ-kˇï（平良）〕の項の【國仲】の部分の引用。
⑥栗田寛『古風土記逸文』巻之下、大日本図書、1897年、37〜38頁

154

⑦『方言ノート』〔ŋkʼï〕の項の〔比較　咸賓録巻五巻……美人酒〕に続く部分の引用。⑷②では 6 巻。

⑧ロシア語はペーレツ（胡椒）。参考：松岡静雄著『太平洋民族誌』のポリネシアの祭祀に関する記述 199 頁に〈カヴァ酒の原料たる胡椒〉、200 頁に〈カヴァ酒を作る為には乾根を噛み摧いて之を鉢に移して水を加へることを例とした〉。松岡は柳田国男の弟。

⑨仁徳天皇（第 16 代天皇）の『日本書紀』における名。4 世紀末から 5 世紀前半に在位。生没年不詳。

⑩『方言ノート』に〔kauзï（佐和田）麹〕

⑪池宮正治『琉球古語辞典　混効験集の研究』南島文化叢書 17、第一書房、206 頁

⑫ロシア語 npoco は粟、黍などの意味。古代日本の酒の原料は米、粟、黍、稗、稀に麦。（参考：中山太郎『万葉集の民俗学的研究』。校倉書房、1962 年、167 頁）

⑬あるいはイクパスイ（捧酒箸）。⑷②はイケウシパシュイ

⑭⑷②は　kamtane。『方言ノート』に〔kamtana 神棚〕。

⑮⑷②は　guśi。

⑯⑷②の漢字「屍」は不詳。「奥」か。

## あとがき

　宮古諸島の位置すら知らなかった私が、たまたま目にした新聞の『宮古のフォークロア』の記事をきっかけに N.A. ネフスキーを追う旅に出てから、いつの間にか 20 余年が経ちました。途中、長い中断や寄り道がありましたが、「何故、宮古なのか」という疑問が頭から離れず、また、ネフスキーの研究の道程に現れた人々や文献に惹かれ、旅を続けました。

　ロシアのネフスキー文書に『混効験集』や「宮古島言語」、田島利三郎の「宮古島の歌」などの抜書きを見つけた時は、ネフスキーの研究の徹底ぶりに驚嘆しました。天理図書館で閲覧した伊波普猷のネフスキー宛ての葉書から、E.D. ポリワーノフや A. ウィルトの存在が次々と浮かび上がり、照会したドイツから A. ウィルトの論文が届いた時は胸が躍りました。

　様々な資料により、本土や沖縄の学者、また宮古の人々の異国の研究者への助力が知られている以上に大きかったこともわかりました。

　私の旅も、多くの方々の支えがあったからこそ続けることができました。皆様に深く感謝申し上げます。

　『宮古のフォークロア』の日本語訳に携われた狩俣繁久先生は、ネフスキーとの出会いのきっかけと貴重な資料に接する機会を与えて下さいました。加藤九祚氏は私にとって、ネフスキーにとっての恩師シュテルンベルグのような存在となり、御著書『天の蛇』は私の旅の羅針盤となりました。

　秋月俊幸先生、河合忠信先生、ヨーゼフ・クライナー先生、サッポロ堂書店の石原誠氏、映像作家・小野邦夫氏は、文献の入手や閲覧の手続きなどで御尽力下さいました。桧山真一先生の綿密なネフスキー研究は引用させて頂きました。大学の先輩の桜井より子さんはドイツ語翻訳で助けて下さいました。

　ネフスキーに親友と言われた前泊克子さんの魅力的な人間像は、克子さんの御親族からの情報により明らかになりました。

　東京の宮古方言教室の新里博先生と先生の御遺稿を『宮古方言　語彙集』にまとめられた信子夫人には、方言のみならず多くのことを学びました。

宮古出身の高橋尚子さんや社会言語学の藤田ラウンド幸世先生をはじめ同教室の皆さんとのユンタクは、楽しく大事な宮古情報交換の時間でした。

　宮古の方々からは地元ならではの貴重な情報を得ました。狩俣吉正氏のネフスキーにアヤゴを披露した御先祖の話、本永清氏、奥浜幸子さん、宮古郷土史研究会の仲宗根將二氏、下地和宏氏、宮川耕次氏のネフスキー研究や郷土研究は引用させて頂きました。宮古島文化協会の松谷初美さん、郷土研究の佐渡山政子さん、狩俣の平良政登氏には資料収集や島の案内など様々な面で助けられました。

　サンクトペテルブルグでは東洋古籍文献研究所長をはじめ V.V. シェプキン氏、E.S. バクシェエフに、シンポジウムやネフスキー文書の閲覧などで大変お世話になりました。エレーナ・ネフスカヤさんに頂いた手紙や資料は、私の宝物になりました。

　沖縄文化協会には『おもろさうし』などの琉球・沖縄の文化を学ぶ機会や論文の発表の場を与えて頂きました。

　2022 年はネフスキーの生誕 130 周年、また彼の 1 回目の宮古調査旅行から 100 年目に当たります。この節目の年にネフスキーの旅と私の旅を重ねて形にしたいという希望を、沖縄の本土復帰 50 周年で御多忙な中、叶えて下さったボーダーインクの新城和博氏に深く感謝いたします。

　日本にもロシアにもネフスキーの未発表の資料が、まだ多数あります。コロナ禍やロシアのウクライナ侵攻などで、それらを閲覧できなかったことが心残りです。エレーナ・ネフスカヤさんの「父の研究を一つでも多く伝えてほしい」という言葉が耳に残っています。ネフスキーが感嘆した海、綾なる色の宮古の海が目に焼き付いています。私の旅は続きます。

2022 年 9 月

田中水絵

**田中水絵**（たなか みずえ）

静岡県浜松市生まれ
上智大学外国語学部ロシア語学科卒業

著書
共訳『沿海州・サハリン　近い昔の話　翻弄された朝鮮人の話』
（凱風社　1998 年）
『奇妙な時間（とき）が流れる島サハリン』（凱風社　1999 年）
『風に舞ったオナリ』（凱風社　2011 年）


受賞
2013 年　沖縄文化協会賞特別賞（ネフスキー研究）

# 歌の島・宮古のネフスキー

### 新資料で辿るロシア人学者の宮古研究の道程

**2022 年 10 月 20 日　初版第一刷**

**著　者**　田中水絵
**発行者**　池宮紀子
**発行所**　（有）ボーダーインク
　　　　　　〒902―0076
　　　　　　沖縄県那覇市与儀 226-3
　　　　　　電話（098）835-2777
　　　　　　https://www.borderink.com
**装　丁**　宜壽次美智
**印　刷**　でいご印刷